灵感的智慧

灵感思维导论

朱存明 著

文化艺术出版社
Culture and Art Publishing House

图书在版编目（CIP）数据

灵感的智慧：灵感思维导论 / 朱存明著.
—北京：文化艺术出版社，2018.6
ISBN 978-7-5039-6509-8

Ⅰ.①灵… Ⅱ.①朱… Ⅲ.①灵感—研究 Ⅳ.① B804.3

中国版本图书馆CIP数据核字(2018)第127514号

灵感的智慧
——灵感思维导论

著　　者　朱存明
责任编辑　董良敏
书籍设计　马夕雯
出版发行　文化艺术出版社
地　　址　北京市东城区东四八条52号　（100700）
网　　址　www.caaph.com
电子邮箱　s@caaph.com
电　　话　（010）84057666（总编室）84057667（办公室）
　　　　　（010）84057696　84057699（发行部）
传　　真　（010）84057660（总编室）84057670（办公室）
　　　　　（010）84057690（发行部）
经　　销　新华书店
印　　刷　国英印务有限公司
版　　次　2018年9月第1版
印　　次　2018年9月第1次印刷
印　　张　9.625
字　　数　180千字
开　　本　880毫米×1230 毫米　1/32
书　　号　ISBN 978-7-5039-6509-8
定　　价　56.00元

朱存明

江苏师范大学文学院教授，南京大学文艺学博士，江苏省高等学校哲学社会科学重点研究基地『汉文化研究院』院长，台湾辅仁大学客座教授。兼任中国汉画学会副会长，江苏省地域文化研究会副会长，中国中外文艺理论学会理事，中华美学学会中国美学学术委员会委员，江苏省美学学会常务理事等。主要研究方向为文艺学、美学、艺术学、美术学及汉画像艺术等。出版《灵感思维与原始文化》《汉画像的象征世界》《汉画像之美》《中国的丑怪》《美的根源》《情感与启蒙：20世纪中国美学精神》《美学艺术论集》《美术考古与艺术美学》（与赵宪章合著）等著作16种。其中，《灵感思维与原始文化》1998年获江苏省哲学社会科学优秀成果三等奖；《汉画像的象征世界》2009年获高等学校科学研究优秀成果奖（人文社会科学）三等奖；《汉画像之美》2012年获江苏省第十一届优秀科研成果二等奖。主持完成国家社科基金项目、教育部项目、江苏省政府项目6项。现主持国家社科基金重大招标课题『《汉学大系》编纂及海外传播研究』，主编有《器物图像与汉代信仰》（练春海著）、《汉画像胡人图像研究》（朱浒著）、《徐州汉画像石通论》（武利华著）等多种。

· 目录 ·

前　言

公元前3世纪的希腊城邦叙拉古，一个赤身裸体的人突然从澡堂里跑出来，在大街上高声喊叫："我发现了！我发现了！"这个人就是古希腊学者阿基米德，他发现的就是阿基米德原理（浮力原理）。这个发现是他在澡盆里的一瞬间得到的，这种瞬间的顿悟，历来被称为"灵感"。

1896年7月18日，大文豪托尔斯泰从一个朋友家做客归来，他走在翻耕过两次的土地上。放眼望去，除了黑油油的土地，他看不见一棵绿草。尘土飞扬，灰蒙蒙的大道旁长着一丛牛蒡花，只见上面抽出三根枝芽：一根已经折断，一朵乌涂涂的小白花悬挂着；另一根也受到了损伤，污秽不堪，颜色发黑，但没有断；第三根挺立着，倾向一边，虽也让尘土染成黑色，但看起来那么鲜活，枝芽里泛出红光。托尔斯泰站在这株牛蒡花前，受到了深深的感动："虽然整个田野里就剩下它孤单单的一个，但它还是坚持住了生命。"于是，他想到了哈泽·穆拉特这位高加索的英雄，一刹那，创作欲望如海潮一样袭来。八年后，小说《哈泽·穆拉特》创作完成了。德国作家托马斯·曼在给朋友的一封信中说："我又重读了托尔斯泰的《哈泽·穆拉特》，与这样一头巨狮相比，我感到自己像是一只老鼠。"

1905年6月，大科学家爱因斯坦正在苦思相对论的问题。一天晚上，他躺在床上，对于那折磨他心灵的谜底，心里充满了毫无解答希望的感觉，没有一线光明。突然，黑暗里透出了一束光亮，答案蓦地出现了。他马上爬起来，走进工作室。五个星期后，他的论文写成了。灵感的爆发，使他思考好几年的问题一下子便得到了解决。因此，他以后总是说："我相信直觉和灵感。"

灵感无疑是客观存在的。在科学工作和艺术活动中，它如美丽的仙子飘然而至；在思维的莽原上，它如昙花一现，转瞬即逝；在创造性的工作中，它如电光闪耀，照亮了精神深处的幽秘之所。

灵感是什么？灵感是存在的个体突然了解了存在的秘密，是孤独的个体突然感到神灵的存在，是苦苦追求不得后的领悟，是沉睡的真理突然涌现，是智慧的花朵突然绽放，是生活的天窗蓦然开启，是潜在追求成果突然被意识把握。

对人类这一独特的思维现象，人们很早就开始探讨了。柏拉图把它归为"神的诏语"；康德把它视为天才人物"天生的禀赋"；弗洛伊德把它看作"潜意识的升华"。从"神"

到“人”，再到人的“潜能”，这是灵感学说在西方发展的一条道路。

很多人对柏拉图把诗的灵感与“科里班特”巫师的跳神联系在一起大惑不解，但是，如果我们越过柏拉图的观点向上追溯，便会发现他的看法不过是史前信仰与现代观念的中介。正是透过柏拉图的神秘学说，我们才触摸到灵感的原型。“万物有灵”“神灵”“灵气”“灵魂”“精灵”“灵巫”“灵敏”都源于久远的人类的灵感思维。借此，我们可以追溯原始文化中的交感巫术、图腾信仰、祖先崇拜、鬼魂观念、祭祀仪式的真正起源，并探析由巫师通神到艺术灵感之间的关系，解剖神秘主义与灵感的关系，了解神与潜意识的关系，释解为什么人类会突然激发出创造性的灵感。

中国人的思维方式也是颇具灵感性的，中国文化也是具有灵感性的文化。英国艺术史学家贡布里希说：“没有一种艺术传统要比中国古代的艺术传统更加竭尽全力于灵感的追求了。”老子提出“涤除玄鉴”，庄子提出“心斋”“坐忘”，程颐、朱熹提出“格物致知”，陆九渊提出“一明皆明”。中国古代哲学有“天人合一”“天人感应”，宗教有“禅宗”“顿悟”，美学有“神思”“兴会”，文艺有“通塞”“感兴”。

站在现代科学知识的背景上来审视灵感，人们发现灵感是不同于逻辑思维和形象思维的第三种思维形式。灵感思维有它独有的起源、系统、结构、特征和功能。

在生活中你有过灵感闪现的经历吗？你对人的本质感兴趣吗？你想了解人类文化的起源吗？你想激发自己灵感的创造性吗？那么，就让我们共同进行一次思维领域的探险吧！

第一章

人·创造·灵感

在人类被创造出来之前，地球上面根本说不上有光荣，也根本说不上有伟大。

——古代玛雅传说

任何时代都是由首创精神建立起文化并开辟历史的。

——[法]米盖尔·杜夫海纳

一、人的本质与灵感

古希腊哲人说："认识你自己。"几千年过去了，科学以难以置信的速度发展，但人对人自身，特别是对人的意识、精神、思维的认识还是极其有限的。法国启蒙思想家卢梭在200多年前就发出了这样的感慨："我觉得人类的各种知识中最有用而又最不完备的，就是关于'人'的知识。"[1]今天，这一论断并没有太大的改变。作为人类思维中最奇妙的现象，灵感是一个扑朔迷离的难解之谜，吸引着无数学者的智力投资。谜底何在？历史上西方的哲人和中国的学者曾给出过不少答案，但终因种种原因不能尽如人意。今天，科学技术达到了历史上从不曾有过的发展高度，社会的发展对进一步了解人的思维规律有了更迫切的要求，哲学、美学、文化人类学、现代心理学、脑科学的成果为我们从更高层次上来研究灵感提供了机遇。尝试可能遭遇失败，但没有尝试也就不会有成功。勇敢的探索比徘徊不

[1]　[法]卢梭：《论人类不平等的起源和基础》，李常山译，商务印书馆1962年版，第62页。

前、犹豫不决更能接近真理。

古希腊有句名言说："人是万物的尺度。"文艺复兴时期的人文主义者借哈姆雷特之口高呼："人是多么了不起的一件作品！理智是多么高贵！力量是多么无穷！行动像天使！洞察多么像天神！宇宙的精华！万物的灵长！"[1] 人类确实是一种了不起的生物，人类是"万物之灵""天之骄子"，然而从身体条件上看，人又是极平常的，甚至比不上其他一些生物。美国自然科学家 I. 阿西摩夫认为：

> 在力气上，人比不上和他同样大小的大多数动物。比起猫来，人的走路是很笨拙的；人也跑不过狗，跑不过鹿；在看、听、嗅这些感觉能力方面，人比好些动物都更低劣。人的骨骼不很适合于他的直立姿势；人可能是处在正常姿势和正常活动的情况下却可能出现"腰酸背痛"的唯一动物。当我们想及其他有机体在进化方面的完美情况——例如，鱼儿能游得那么美，鸟儿能飞得那么棒，昆虫的繁殖力那么旺盛，适应力那么强大，病毒结构如此简单却有完善的效能——看来人类真可以说是一种粗笨的生物。纯作为有机体看，人类比不上在地球上的任何特定的环境中生

[1] 莎士比亚戏剧《哈姆雷特》中的台词。

存的生物。[1]

这可能对人类的自尊心是一个沉重的打击，但事实上并非如此。中国古代的哲学家荀子说，人“力不若牛，走不若马，而牛马为用”(《荀子·王制》)。人在体力上虽不如一些动物，却能降虎捕鲸、移山填海，无鳃、鳍却能深潜海底，无翅膀也遨游太空，人类成了地球的统治者。E. 拉兹洛认为：“人毕竟还拥有一些唯独属于他的造诣，拥有其他动物不可企及的一些特质。意识、抽象思维、语言、感情，以及表述和体现出以上这一切的那个信息交流的现实存在……所有这一切，确实是人所取得的独一无二的成就。因此，人们相信，这些东西超出了其他物种所达到的成就。”[2]

随着哲学和文化人类学的兴起，人们进一步认识到人和动物的区别。人能自由地进行劳动而动物不能，劳动就意味着创造。动物可以利用自然物达到它们的目的，但不属于自由性质的劳动。人是有意识的生物，而且创造了文化，而动物只靠本能生存。人是有思维的生命体，而动物

[1] [美] I. 阿西摩夫：《人体和思维》，阮芳赋、张大卫等译，科学出版社 1978 年版，第 136 页。

[2] [美] E. 拉兹洛：《用系统论的观点看世界》，闵家胤译，中国社会科学出版社 1985 年版，第 76 页。

只是被动接受自然力的驱使。马克思说：“有意识的生命活动直接把人跟动物的生命活动区别开来。”[1] 人类的这种自意识是人类特有的，它实际上是人对自己的行动与意识的监控系统，靠这个系统，人类既能追溯过去，也能向往未来，更能开辟旷古未有的天地。人类自从有了这个自控系统便日益依赖它，它使人类具备了选择的优势，使人类超越当时实际经验的局限。依靠自意识的结果是，人的体力、本能的技巧和本能的模式都衰退了。人类不再直接需要那些能力，他求得生存的沉重负担寄托在了抽象的精神过程上，即思维上。人们通过思维，把不变的感觉成分固定下来，符号开始形成，于是人类在思维的智力中产生了文化。人类改善了生存环境，自然界也通过人的“本质力量的对象化”变成了“人化的自然”。人类创造了文化，原来那个自我供养的生物物种转化为注重知识、审美、信仰和伦理的文化物种。人类生长在文化中，又反过来受文化的制约。这样，在创造和限制中，人类的文明史得以展开。

我们把眼光投向地球，人类可以征服高山、填平湖泊、在江河上修建拦河大坝、在海底修造隧道。回顾人类文化史时，我们被土耳其一万多年前的哥贝克力石阵所惊讶，

[1] [德]马克思：《1844年经济学—哲学手稿》，刘丕坤译，人民出版社1979年版，第50页。

也被埃及的金字塔、复活节岛上巨大的石像、中国的万里长城所吸引。我们惊叹于阿基米德、牛顿、达尔文、爱因斯坦的伟大发现，叹服于荷马、莎士比亚、曹雪芹的鸿篇巨制。当我们面对静穆的“维纳斯”雕像、微笑着的“蒙娜丽莎”、毅然站立的“大卫”雕像、深邃的“思想者”及凡·高画笔下神秘的夜空时，我们不由得在心底呼唤：人类是一种多么富有创造性的生物。同时，我们也会想：所有这一切人类的文化成果是怎样被创造出来的？

人类一方面在创造，另一方面也在探索自身创造的秘密。屈原在《天问》中提出：

> 遂古之初，谁传道之？上下未形，何由考之？冥昭瞢暗，谁能极之？冯翼惟像，何以识之？明明暗暗，惟时何为？阴阳三合，何本何化？圜则九重，孰营度之？惟兹何功，孰初作之？[1]

初民的想法和他们的原始混沌的意识是分不开的，这首先在神话和宗教中表现出来。宗教把创造归为上帝，神话把创造归为众神；古希腊哲学家柏拉图把诗人的灵感归为“神的诏语”，德国哲学家康德则把创造与灵感归为“天

[1] 林家骊译注：《楚辞》，中华书局 2009 年版，第 74 页。

才”人物的天生禀赋。

19 世纪后期，世界范围内出现了一股反理性主义的思潮，人们把创造、灵感与潜意识联系在一起。弗洛伊德的精神分析学说、荣格的“集体无意识”理论、列维-布留尔的“原始思维”、列维-斯特劳斯的结构主义神话学、皮亚杰的发生认识论、恩斯特·卡西尔的象征主义哲学、福柯的“权力话语”理论等，使人类对创造性的研究开辟了一个广阔的领域。但作为一门较系统的创造学科的形成，则是在 20 世纪三四十年代，欧美和日本出版了大量论创造性的著作，形成了以下几个流派：

（1）在欧洲大陆传统的病迹学；

（2）精神分析的，心理动力的研究法；

（3）学究式心理学的创造理论；

（4）谈心开导及来自心理分析流派的人性开发理论。[1]

综观这些理论，除了重视从亚里士多德以来的逻辑传统及理性主义精神外，更重要的还在于揭示了创造与儿童

---

[1] 参见［日］马场谦一等编著《创造性与潜意识》，延边教育出版社 1987 年版，第 8 页。

思维、原始人的原发性思维，以及创造与天才、疯狂、幻觉、潜意识、白日梦的关系。

从思维的角度说，人类的创造过程就是创造性思维的过程，创造性思维中最关键的是灵感思维。正是在这个意义上，有些人把灵感思维看作创造性思维的同义语。爱因斯坦在论述自己的创造性思维时说："我相信直觉和灵感。"[1]杨振宁说："文学艺术家有时会因'灵感'的触发创造出不朽的作品，而科学家的发明创造，也和文学家或艺术家的创作一样，需要'灵感'的。"[2]钱学森说："创造性思维中的'灵感'是一种不同于形象思维和抽象思维的思维形式。……光靠形象思维和抽象思维不能创造，不能突破；要创造要突破得有灵感，而灵感出现于大脑高度激发状态，高潮为时很短暂，瞬息即过。"[3]英国现代著名科学哲学家卡尔·波普尔在《科学发现的逻辑》一书中甚至认为："一切科学发现都包含着非理性因素。"由此可见灵感在创造中的重要性。

人类基于自意识的天性对于灵感探讨了2000余年，但由于古代科学技术的不发达和今天我们仍对人类大脑的

---

[1] 《爱因斯坦文集》（第一卷），商务印书馆1976年版，第284页。

[2] 新加坡《联合早报》报道，摘自《参考消息》1985年4月3日。

[3] 钱学森:《关于形象思维问题的一封信》,《中国社会科学》1980年第6期。

工作状况认识不完备，到目前还不能说完全揭穿了它的奥秘。

人类因为有了独特的思维能力才有了文化的创造。人类的本质决定人类要不断对自己的创造能力进行反思，以便能更好地创造。只有充分利用自己的潜能，才能更大限度地发挥自己的能力，摘取创造领域的明珠。

二、灵感与创造

2000 多年来，人们提出了种种不同的灵感的概念，灵感的内涵也发生了很大的变化。目前，国内外学术界所公认的灵感的含义，大概就是它忽然在人心中产生高度的创造能力。

人类的历史就是人逐渐脱离动物而创造科学文化的历史。人类文明的标志是人类创造出了灿烂的文化。人类最值得自豪的本质力量是自由的、自觉的创造活动。可以说，创造离不开灵感思维。

人类在原始阶段的发明创造是极其缓慢的，一个工具的发明，也许需要几万年甚至十几万年，但一个简单的发明往往使人类获得了更大的自由，使人类文化向前推进一大步。在人类几十万年的过程中，只列举火、弓箭、陶器、石器、青铜器、铁器、火药、电能、原子能、互联网、人工智能等发明创造也就足够了，这里的每一项发明创造不都使人类大大前进了一步吗？其中，电能、互联网、人工智能对现代社会的发展产生了巨大的影响。

我们感兴趣的是人做出这些发明创造时的思维机制。这也许是一个极难研究的问题，由于年代久远，我们不可能说明是何人何时出于什么动机而创造的，但我们可以从已掌握的资料和原始人创造的结果推论，揭示他们的思维形式。任何一项发明创造都离不开集体的实践力量，特别是在人类的原始阶段；但任何一项发明也都有个体的根源，因为集体也是由个体组成的。弓箭的制造、陶器的发明，总是先应有个人来完成，尽管他可能受到别人的启示，或从先辈继承下来许多知识。灵感思维的创造性，可以从人类远古的创造中看出端倪。灵感思维的一个重要特征就是瞬间的感悟，并从中获得前所未有的发现。我们可以说，人类的一切发明创造都离不开灵感思维。

当第一个原始人把自然之火引进洞穴，给人类带来光明，当第一个原始人从钻木或击石中得到火种，当第一个原始人有意识地把涂满泥土的柳编器或木器放在火中烧制成陶器，当牧羊人从烧过的灰烬中惊喜地发现了闪闪发光的青铜时，难道他们不是一个个得到灵感的人？火驱走了黑暗和野兽，给人带来光明、温暖和安全，改善了人的饮食结构，它怎么能不被人们神化呢？于是就有了崇尚火的炎帝部落，有了盗火给人间的普罗米修斯的神话，有了波斯的拜火教。

人类进入文明社会以后，各种发明创造层出不穷。美国民族学家摩尔根在《古代社会》一书中指出："近代文明社会的主要贡献在于电报；煤气；纺纱机；动力织布机；蒸汽机以及与它有关的无数机器，包括火车头、铁路和轮船在内；望远镜；大气层和太阳系可测性的发现；印刷术；运河闸门；航海罗盘；火药等等。"[1] 摩尔根以后的发现与创造更惊人（摩尔根逝世于 1881 年 12 月 17 日），主要有相对论、半导体、DNA、电影、电视、电子计算机、激光、火箭、宇宙飞船、卫星、化纤、水泥、核武器、器官移植、人工授精，等等。[2]

人类不但创造了物质文化，还创造了精神文化，如宗教、神话等。"灵感"的原始意义，正是从人类原始宗教起源时"万物有灵"观演化而来的。灵感，也就是神灵的感应，古人把"灵"看作一种气一样的东西，并认为可通过超人间的手段与之发生相互感应，于是就有了巫术、神话、

---

[1] [美]路易斯·亨利·摩尔根：《古代社会》，杨东莼等译，商务印书馆 1981 年版，第 29 页。

[2] 参见中国科学院自然科学史研究所近现代科学史研究室编《20 世纪科学技术简史》，科学出版社 1985 年版。

仪式、图腾、艺术等。通过研究我们可以看到，在“灵”的概念中包含了人类“监控意识”的萌芽，含有许多科学的思索。正是在这个意义上，历史上许多哲学家、美学家、文艺批评家才对灵感产生极大的兴趣，指出创造是离不开灵感的。灵感的讨论大多发生在美学界和文艺界，因为美学的任务之一就是要探讨人类审美及艺术创造的规律。在艺术创造领域，灵感是无处不在的。古代巫术、神话、图腾已成陈迹，远古留给现代人最古老的精神遗产，被现代人接受并发扬光大的便是艺术。所以，研究灵感的另一条路便是艺术。

从精神文化的角度来研究灵感，可以发现灵感思维的历时态结构，可以从本源上找出灵感思维的意义及其在现代的发展。对灵感思维的起源进行研究，必然会引发对人类精神发展史的考察，考察的结果是发现了人类的原始灵感思维逐渐向现代科学的灵感思维的过渡过程。我们在后面将专门讨论这个问题。

总之，从人类历史不断创造物质文化和精神文化的过程看，大凡创造都需要灵感思维。灵感思维是人类创造本质的反映，它所表现的正是人的本质力量——一种自由的创造精神，人类借此才建立了自己的文明。

三、灵感思维研究的基本状况及特征

1. 灵感思维的提出

2000 多年前的古希腊就提出了灵感的概念并进行了相关研究。在哲学史、科学史、美学史、艺术史上，学者对灵感的研究从未中断。但把灵感思维作为一种人类的基本思维形式之一提出，并把它和逻辑思维、形象思维并列，则是 20 世纪 80 年代的事。当时中国在改革开放的形势下，自然科学与社会科学都有了长足的进展。中华民族要发展，就要有一大批有创造能力的人才；国家要屹立于世界民族之林，就要靠创新来驱动。在这样的环境下，中国率先提出包括灵感思维在内的思维科学的研究。

1980 年 7 月，著名科学家钱学森在一封信中说："我想人的思维不限于两种：形象思维和抽象思维。应该看看还有什么其他形式。不要关门！我认为创造性思维中的灵感是一种不同于形象思维和抽象思维的思维形式。"[1] 在《关于思维科学》一书中钱学森认为："除抽象（逻辑）思维之外，还有形象（直感）思维和灵感（顿悟）思维，所以思维学又可细分为抽象（逻辑）思维学、形象（直感）思维学和灵感（顿悟）思维学三个组成部分。""我们也不能就

[1] 钱学森：《关于形象思维问题的一封信》，《中国社会科学》1980 年第 6 期。

这样说形象（直感）思维和灵感（顿悟）思维本身就比抽象（逻辑）思维低一等，我以为这两种思维的客观存在和重要性是不必怀疑的，而怀疑的人可能是由于缺乏亲身体会而已。”[1]在谈到科学方法论时他说：“科学技术工作决不能局限于抽象思维的归纳推理法，即所谓的‘科学方法’，而必须兼用形象或直感思维，甚至要得助于灵感或顿悟思维。”[2]

钱学森还倡导要建立一门“灵感学”。他说：“总而言之，灵感是又一种人可以控制的大脑活动，又一种思维，也是有规律的，我们也要研究它，要创立一门‘灵感学’。”[3]在钱学森的倡议下，国内响应者甚众，一些省市成立了思维科学研究所，并有了专门研究思维科学的杂志，发表了一些有一定质量的论文。

在新时期的美学领域，著名美学家蒋孔阳率先对灵感进行了研究，并提出了自己的看法：

灵感是人类思维活动中所存在的一种客观现象，它是思维活动过程中的一种质的飞跃。它像桥一样，把阻绝了

[1]　钱学森主编：《关于思维科学》，上海人民出版社1986年版，第16—17页。
[2]　钱学森主编：《关于思维科学》，上海人民出版社1986年版，第23页。
[3]　钱学森等：《灵感之谜》，北京师范学院出版社1986年版，第441页。

> 的思路忽然沟通了起来，另外引向以至开辟了一个新的境界。诗人艺术家在创作过程中，常常有“顿悟”之时。但无论是“神来”或“顿悟”，都不是凭空产生的，更不是柏拉图所说的什么“神灵凭附”，而是平时的苦心经营，功夫到处，自然水到渠成；而是经过千锤万炼以后，熟能生巧所必然会产生的触类旁通。物质的运动可以从量的变化转到质的飞跃，为什么精神活动就不能够同样地由量的积累达到质的突破呢？因此，灵感并不神秘，它只是思维中所出现的一种看似不合规律，但实际上合乎规律的现象。[1]

在人类思想史上，不少人对灵感发表了见解，但都没有把它作为一种思维形式提出来，原因大概在于不理解人的潜意识的活动，近代虽然了解了潜意识，但又把它搞得神秘莫测。从科学研究和艺术创造的实践来看，灵感是存在的。德谟克利特、柏拉图、歌德、康德、黑格尔、丹纳、费尔巴哈、尼采、鲍姆嘉通、巴尔扎克、托尔斯泰、雪莱、弥尔顿、别林斯基、罗曼·罗兰、爱因斯坦、彭加勒、陆机、刘勰、苏轼、严羽、戴复古、谢榛、汤显祖、袁宏道、

---

[1] 蒋孔阳：《灵感小议》，载《美和美的创造》，江苏人民出版社 1981 年版，第 165 页。

王夫之、王士祯、郭沫若等，都曾从不同的角度对灵感做过详细的描述。

灵感是存在的，但能不能说它是一种思维形式呢？大部分人都认为它是一种思维形式，但也有人持反对意见。1984 年，在太原召开的思维科学专题讨论会上，有人认为灵感不是一种单独的思维形式，它只是思维过程的一个环节，或者叫作潜意识和显意识的结合点。实际分析起来，这种观点还是认为有灵感存在的，它不过是“潜意识和显意识”的结合，由于不理解潜意识的机制，所以便视它不存在了。我们知道，思维是指人的思考过程，它的特点就是要产生新的思想。心理学认为：“通过迂回、间接的途径去找得问题的答案的认识活动，就是思维活动。”[1] 灵感虽然是短暂的，不像逻辑思维可以看到思考的一步步的过程，但灵感恰是一种认识过程的飞跃。从认识的发生看，灵感来无影去无踪，不能预见，难以寻觅。从认识的过程看，灵感是新思想、新观点、新见解的突然涌现。从认识的成果看，灵感的结果总伴随着一种突破性的创造活动。[2] 所以从过程和结果看，灵感作为一种思维形式是成立的。

---

[1]　伍棠棣等主编：《心理学》，人民教育出版社 1980 年版，第 81 页。

[2]　参见陶伯华、朱亚燕《灵感学引论》，辽宁人民出版社 1987 年版，第 3—8 页。

现代科学的发展一方面越来越细致，另一方面越来越概括，如从古典物理学分出量子力学，从生物学分化出遗传学，从物理学分出电子学。我们也可以从普通逻辑学中分化出“灵感学”，来专门研究灵感思维的规律。灵感思维在整个思维学中可谓“微观”科学了。

2. 灵感思维研究的不成熟性

到目前为止，灵感思维的理论研究的一个特征是它的不成熟性，因此要建立灵感思维的体系也不是一件容易的事。

钱学森虽然提出灵感思维是一种思维形式，但是问题的复杂性使他认识到灵感思维理论上的不成熟。他认为：“逻辑学、形象思维学和灵感学作为基础科学、作为思维学，也只有逻辑部分比较成熟，其他两部分还有待创立。”[1]思维学的第三个组成部分，灵感（顿悟）思维学就更离得远了，我们还没有把握从哪个方面去探索，虽然文艺理论家对此有很多议论。[2]

灵感思维之所以长期没得到科学的论证，很多人只是以怀疑的眼光在观望，主要是因为对于灵感的解释多是描述性的，不同的哲学家、文艺理论家、科学家对它的认识

[1] 钱学森等：《灵感之谜》，北京师范学院出版社 1986 年版，第 442 页。
[2] 参见钱学森《关于思维科学》，《自然杂志》1983 年第 8 期。

不同，而且往往从思辨的哲学观念出发，把灵感搞得神乎其神。古人的论述暂且不论，在改革开放以来出版的诸如论述科学方法论、科学发现逻辑、普通心理学、创造学、文艺创作论及美学研究的书中，对灵感的论述也是见仁见智。

1972 年版的《苏联大百科全书》认为：灵感是一种以个人内在积极性的猛烈增强、高度的激情、人的身心力量的紧张为特征的心理状态。灵感是创造的主要先决条件之一，它与注意的聚精会神、记忆和想象的运用及思维的紧张工作相联系。英国著名美学家 H. 奥斯本在《论灵感》一文中指出：当一个人“仿佛从他自身以外的一个源泉中受到了帮助和指导，尤其是明显提高了效能或增进了成就之时，那我们势必会说这个人是获得灵感了”[1]。

从学术界对灵感的研究成果看，灵感通常是指新意象、新概念、新思想在思维过程中突然涌现的现象。这种一下子使问题澄清的顿悟，开始还没有得到严格的逻辑的证明，人们有时称之为直觉，也有人称之为灵感。灵感的基本特征是在知识和结论之间的媒介，既不是抽象的知识，也不是形象的知识，而是人精神创造性的直觉。在这种状态中，科学家会突然解决难题，文学家会突然构思出绝妙的情节

---

[1]　[英] H. 奥斯本：《论灵感》，《国外社会科学》1979 年第 2 期。

或动人的诗句。灵感，也有人称之为顿悟，指的是人们脑海中会突然闪现出某种新思想、新观念、新主意，突然找到了过去长期思考而没有得到的解决问题的办法，或发现了一直没有发现的答案，突然从纷繁复杂的现象中顿悟了事情的本质。因此可以说，灵感是一种特殊的思维状态，在这种状态中人们情绪激奋，思路畅通，对问题的研究能很快取得突破性进展。

钱学森曾在全国思维科学讨论会上提出："灵感，好像是形象思维扩大到潜意识，如果说逻辑思维是线性的、一维的，形象思维是二维的，那么，灵感思维好像是三维的。……假如一个很难的问题，在潜意识里加工，得到结果了，这时，如果偶尔与显意识沟通起来，突然接通，一下子得到了答案，这就是所谓灵感。"[1]

灵感思维在文艺学领域也得到了广泛的研究，但是文艺学一般仅仅把灵感思维限定在创作构思阶段，如童庆炳主编的《文学理论教程》认为："灵感是艺术构思阶段最重要的思维方式之一。灵感是创造性思维过程中认识发生飞跃的心理现象。"[2]

---

[1] 钱学森主编：《关于思维科学》，上海人民出版社 1986 年版，第 141—142 页。

[2] 童庆炳主编：《文学理论教程》，高等教育出版社 2002 年版，第 125 页。

从以上对灵感思维的各种各样的定义及描述中我们可以看到，人们对灵感认识的分歧是很大的，有人把它看作一种精神现象、思维状态、思想过程；有人把它看作一种心理状态、心理过程；有人把它看作“形象思维扩大到潜意识”；还有人认为，“灵感就是在潜意识中酝酿成的情思猛然涌现于意识”[1]。长期以来人们对此众说纷纭，关于灵感思维研究还处于初级阶段，具有极大的不成熟性，这使灵感的研究更加困难了。

另外，新的研究成果表明，人的潜意识与人的灵感有密切的关系，因此很多人想从潜意识入手，从潜意识与显意识的相互关系上建立灵感思维的学说。但这样做的问题在于，人们对潜意识的生理及心理功能的认识还不清楚，还不能从大脑的思维机制上了解潜意识，这同样给灵感思维的研究带来许多困难。

3. 研究灵感思维的可能性

在现在的条件下，科学地研究灵感思维是有可能的。这主要表现在以下两个方面。

首先，从历史上看，许多哲学家、文学家、艺术家、科

---

[1] 朱光潜：《朱光潜美学文集》（第一卷），上海文艺出版社 1990 年版，第 529 页。

学家都对灵感做过深刻的描述或广泛的研究，发表过许多见解。在这些见解中，有一部分是伪科学的，有的是神秘主义的、神学观点的；但其中也有相当一部分对灵感做了科学的研究，发表的论点也含有科学的成分，可以启发我们的认识和思考。

我们今天的研究要在总结前人的基础上有所发展，在现代的哲学、科学等知识的背景下，展开对灵感思维规律的认识。如柏拉图的灵感观虽然不是科学的，但从中我们也看到他的“神赐说”反映了原始社会或史前人类普遍存在的一种思维形式。另外，柏拉图的“迷狂说”，对我们正确认识灵感思维过程中产生的激昂的精神状况，也是有启发意义的。

其次，现代科学和社会科学的发展，为灵感思维的研究打下了广泛的知识基础。过去由于科学不发达，人类对自己的认识是极其有限的，所以在论述灵感时，才显得神秘莫测，或以偏概全，或陷入宗教神学，或归为先天本能。20世纪以来，随着哲学、心理学、思维学、创造学、考古学、人类学、文化学、儿童心理学等学科的发展，人类从宏观上对自身有了进一步的认识。人类虽然还不能从分子的水平上揭示人类思维的本质，但各种学说和假设的理论，为我们最终揭示灵感思维的奥秘打下了基础。

随着现代哲学及科学技术的发展，一些新的思想和方法也相继产生，如20世纪四五十年代产生的信息论、控制论、系统论，物理学中的“热力学第二定律”，波普尔关于“三个世界”的理论，文学批评中的“神话—原型批评”，哲学美学中的“直觉主义”等，都为我们探讨灵感思维提供了方便，或提示了分析的素材，或指明了研究的方法，或启发了思路，或成了思想的材料，或成了结论的论据。还有，对现代科学创造逻辑的研究，对科学发现模式的探讨，对文艺创作心理的解释，对科学方法论的阐述，对原始思维、神话思维、象征思维的挖掘，无疑也为我们研究灵感思维起到了极大的推动作用。因此，在这样广阔的知识背景下来探讨灵感思维是完全有可能的。

四、研究灵感思维的意义

第一，研究灵感思维可以加深我们对人的本质的了解，深化认识论的研究。我们知道，许多哲学家把人的自觉的有意识的思维活动作为人的本质，赖此人类才有了创造性，从而使人类得以摆脱动物走向文明。马克思指出：“动物只是按照它所属的那个物种的尺度和需要来进行塑造，而人则懂得按照任何物种的尺度来进行生产，并且随时随地都能用内在固有的尺度来衡量对象；所以，人也按照美的规律来塑造物体。”[1]通过对灵感思维的研究，我们能深入细致地了解人的创造活动的本质，加深对人的本质的认识。

第二，研究灵感思维可以使我们对人的精神世界、创造心理、思维规律有所认识。研究灵感思维的历时态结构，使我们从灵感的最原始意义的起源上来考察人类的精神过程；从“潜意识”角度分析灵感的机制，使我们从人类的深层心理学的角度加深对人本身的了解；从创造性的角度展开对灵感思维的分析，使我们可以更好地认识人类创造性的本质。通过研究灵感思维，可以促进对人的大脑工作情况的认识，为揭开人类思维之谜贡献力量。

第三，揭示人类灵感思维的秘密，可以用来为人类服务。灵感思维的研究对从事科学研究、文学艺术创造的人有重要的指导作用。我们知道，科学发现大都是在长期实践、钻研的基础上激发灵感所致。揭示了灵感的规律，就可以帮助科学工作者进行有意识的创造发明，文学、艺术创作也是如此，获得了灵感就意味着有了无穷的创造力，才能创造出不朽的诗篇。对灵感规律的揭示，有助于文学艺术家更好地利用思维的规律，使自己的创作处于旺盛阶

[1] [德]马克思：《1844年经济学—哲学手稿》，刘丕坤译，人民出版社1979年版，第50—51页。

段，创造出不愧于伟大新时代的作品。

第四，研究灵感思维可以为发展人工智能机打下基础。现在人类已进入信息时代，电子计算机的发明在一定的程度上物化并放大了人类的智力。第六代生物计算机用蛋白质分子制造出基因芯片，可以与活体结合，将促进人脑的智慧发展和灵感的创造性。关于人工智能机能否代替人脑的全部工作，引起了很多人的兴趣。在笔者看来，人工智能机可以模拟人的逻辑思维、形象思维，但永远也不能模拟人的灵感思维。或者说人工智能机只能按人设计好的程序工作（尽管程序可以无限复杂），而不能突破人设计的模式产生偶发性的创造性。这并不会使研究人工智能机的人悲观失望，而恰恰会促使他们去了解人的思维，以便更好地研究独创性。

第五，研究灵感思维有利于开发人的潜能，最大限度地发挥人的创造性。灵感思维的研究着重于揭示人类的创造性思维的特点、规律和内在机制。它不仅可以推动人工智能机的研究，促进科学家、文学艺术家的创造活动，而且对每一个想提高自己能力的人都有促进作用。人的潜在能力是无穷的，懂得潜能的开发，便可有意识地发挥创造性。

五、怎样研究灵感思维

研究灵感思维应注意以下几个方面。

1. 历史与逻辑的统一。灵感思维是研究灵感现象中思维规律的科学，它的一个重要方面就是研究人类创造中的思维活动。人类从脱离动物起，就开始了自己的创造史，对灵感思维规律的真正揭示，必须在历史发生的过程中来考察，才有可能找出灵感思维的根据。而且，“灵感”的概念从古至今发生了深刻的变化，只有从历史出发，实事求是地研究，才有可能找出它的本质所在。在研究中还要把历史的方法和逻辑分析的方法结合在一起。

2. 理论与实践的统一。在研究中，我们将根据自己的认识，从已经被证实的理论观点出发，建立一定的假设，然后根据客观现实中科学家、艺术家的灵感思维活动进行分析、综合、概括，找出灵感思维的规律。我们既反对从抽象的定义出发，又反对停留在经验现象的罗列之中。我们建立的理论，既要有严密的逻辑性，又要符合客观实际，才能对人的灵感思维起到一定的指导作用。这方面的具体做法是：

第一，自我体认法。这个方法可以理解为从灵感获得者的自我描述中来研究灵感思维的特征和规律。当然，在创造中虽然灵感层出不穷，很多科学家、艺术家也深有体会，但他们往往对自己的这种思维活动只知其然而不知其所以然，而且不经常去描述它，像爱因斯坦那样能对自己发现相对论时的“灵感”闪现做详细描述的人是不多的。当然，在文学家中，对灵感的描述总比科学家要多得多。

第二，个体灵感思维案例解析法。这个方法可以理解为对于有些科学家、艺术家的创造活动，他本人可能偶尔一提，后经过心理学家、哲学家或传记作家的剖析，使我们明确了灵感思维的机制。运用这个方面的案例应注意材料的真实性，反对任意夸大。

3. 掌握必要的基础知识，了解跨学科的成果。因为灵感思维与许多学科有一定的联系，如哲学、心理学、医学、思维学、人类学，因此不掌握一定的基础知识，要想说明灵感是不可能的。可以说知识越丰富、视野越开阔，对研究灵感思维就越有好处。创造性地利用各门学科的成果和研究方法，还可以使灵感思维研究建立在坚实的实证科学的基础之上，而不至于隔岸观火，雾里看花，不着边际。

第二章

西方灵感学说的历程

我们的知识不能有饱足的时候。

像萌芽一般，

在一个真理之足下又生一个疑问，

真理与疑问互为滋养，

自然一步一步地把我们推到绝顶。

——［意］但丁《神曲》

关于思维的科学，和其他任何科学一样，是一种历史的科学，关于人的思维的历史发展的科学。

——《马克思恩格斯选集》（第三卷）

英国著名美学家 H. 奥斯本对灵感概念在西方的历史嬗变的研究表明，灵感概念在西方的产生和发展大体经过三个阶段：古代神秘主义的灵感说、近代天才论的灵感说、现代无意识的灵感说。

一、古代神秘主义的灵感说

1. 词源意义

灵感概念最早可以追溯到古希腊。古希腊的“Ⓗεбπνεбοτιά”一词，今天被称为灵感，它最初的意义指神的灵气。它由两个词复合而成：“Ⓗεбs”是神的意思，“πνεбτια”是气息的意思，合在一起可以理解为灵气。“πνεбτια”还有微风轻吹的意思，据说澳大利亚某些土著妇女声称她们能像听见一阵微风那样听见神的降落。《大英百科全书》在“灵感”条目一开始就说：“中国那些被称为‘巫’的宗教祭师，自称能够通神或把灵气吸入自己身体里面，因此能做出一些预言。”这种通神的巫术活动，在世界各民族的原始文化中都可以看到，这是人类早期思维中普遍存在的现象。“灵感”一词英文为“inspiration”，意思和古希腊的灵感相同，“spirit”是一种灵气，“inspiration”也指一种灵气的吸入。按照我国古代的说法，灵在本质上是一种物质性的“精气”。《左传·昭公七年》孔颖达疏：“附形之灵为魄，附气之神为魂。”《大戴礼·曾子天圆》说：“阳之精气曰神，阴之精气曰灵。”用在诗坛，灵感是指诗人在创作作品时，似乎通过吸入灵气，从而使他的作品具有一种超凡的魅力。

诗坛的灵感观念，实际上是史前人类对灵魂观念信仰的表现。文化人类学家对史前人类的研究表明，在原始社会中灵魂观念具有普遍性。英国人类学家爱德华·泰勒在《原始文化》(1871年)、《人类学》(1881年)等著作中，早已对灵魂观念和灵魂的出走现象进行过详细的研究，并且创立了至今仍为学术界所沿用的术语“万物有灵”观。“‘万物有灵’，事实上是宗教神话和诗人灵感的重要源泉之一。”[1]

古希腊的一些哲学家认为：“智慧是一种精微的流体”，“灵魂是有着空气的性质的”。[2] 实际上，直到16世纪比利

[1] 吕大吉主编：《宗教学通论》，中国社会科学出版社1989年版，第94页。
[2] 北京大学哲学系外国哲学史教研室编译：《古希腊罗马哲学》，商务印书馆1957年版，第10页。

时人安德烈亚斯·维萨留斯（1514—1564）发表《人体的构造》以前，西方正统的看法一直是把人的身体看作一个灵魂的宿处而非一个有机生物体。

考古学的发现也证明了这一点。如旧石器时代中期的一些尼安德特人遗址中发现了最古老的墓葬；大约1.8万年前，旧石器时代晚期北京周口店的山顶洞人遗址也发现了埋葬的遗迹，山顶洞人遗骸周围撒有含赤铁矿的粉末。到近代仍处于原始社会的一些氏族部落认为，红颜色表示血液，血液是生命的来源和灵魂的寄身之所，埋葬习俗的起源就是为了保障死者的灵魂有个居所。三四万年前的欧洲史前人种克罗马农人有一种奇怪的“外科手术”，用简陋的燧石工具把病人的脑壳打开一个大洞，目的是驱逐躲在患者头脑中的恶魔，从而治疗疾病。综合各种研究原始文化、巫术、宗教、神话、禁忌等的观点，可以看出原始人普遍存在一种原始灵感观，这构成了古希腊“灵感观”的基础。但目前对此的论述只是偶有所及，还缺乏深入的研究。

西方现代的一些美学家对灵感思维的原始意义也偶有论及。如英国美学家阿诺·理德曾说：

> 也许，在所有艺术理论中最普遍、最为大多数人所接受的理论，就是艺术必须要有“灵感”。……“灵感”一

词的古代意义是众所周知的，它是指艺术家借助某种高于他自身的一种存在物，例如上帝（或神性）、一个缪斯女神或一个天使的媒介创造了他的作品。“灵感”的意思就是“吸气”，也就是通过缪斯女神或其他神灵把音乐或诗或其他类似的东西吹进了艺术家的灵魂中去，让他誊写下来。虽然这种看法现在不再有它曾经有过的力量，但是每当某人讲出来的东西好像显得不是从他自己本身那里来的，而是从一个他以外的某种力量作用那里来的时候，我们就常常会说这个人被灵感了。[1]

H. 奥斯本在《论灵感》一文中也说：

在（灵感）这个术语的一般用法上，我们常常指的是一个人（在他自己或者别人看来）仿佛从他自身之外的一个源泉中感受到一种助力和引导，尤其是明显地提高了效能或增进了成就，这时候我们势必会说这个人获得灵感了。对于那样的灵感的源泉可以被认为是由自然所赐或由某种超自然的神奇力量所赐。……当这种源泉表面上像是超自然力量的时候，宗教人士就会说这是由于上帝的恩赐，并且相信是上帝给予了他们所意识到的那种帮助、引导

[1] [英] 阿诺 · 理德：《美学研究》，伦敦 1931 年版，第 158—159 页。

和力量。[1]

2. 古希腊的灵感观

灵感说在古希腊是一种普遍流行的观点，并不如有些人认为的始于柏拉图。如德谟克利特也主张过灵感说，他说："一位诗人以热情并在神圣的灵感之下所作的一切诗句，当然是美的。"[2] 苏格拉底也说过："我知道了诗人写诗并不是凭智慧，而是凭一种天才和灵感；他们就像那种占卦或卜课的人似的，说了许多很好的东西，但并不懂得究竟是什么意思。"[3] 甚至在公元前 8 世纪的时候，希腊诗人赫西俄德也说过："蒙缪斯女神和阿波罗神的恩宠，诗人来到人世间并朗诵抒情诗。"我们打开荷马的著名史诗《伊利亚特》和《奥德赛》，它们都是以向缪斯女神祈求灵感开始的。

虽然灵感说是古希腊流行的观点，但系统地将原始灵感观的宗教含义化为诗歌理论的则是柏拉图。他在对话录《伊安篇》《斐德若篇》《申辩篇》中，都论述到了创作中的灵感。我们可以把他的灵感观归结为"诗神凭附时的迷狂

---

[1] [英]H. 奥斯本：《论灵感》，《国外社会科学》1979 年第 2 期，第 80 页。

[2] 伍蠡甫主编：《西方文论选》，上海译文出版社 1979 年版，第 4 页。

[3] 北京大学哲学系外国哲学史教研室编译：《古希腊罗马哲学》，商务印书馆 1957 年版，第 147 页。

心理”。

第一，灵感作为迷狂状态的解释。柏拉图说：

> 科里班特巫师们在舞蹈时，心理都受一种迷狂支配；抒情诗人们在做诗时也是如此。……不得到灵感，不失去平常理智而陷入迷狂，就没有能力创造，就不能做诗或代神说话。[1]

柏拉图的灵感的迷狂说，是争议最大也是对后世启示极多的理论之一。他把诗人作诗或朗读诗时的心理状态和巫师祭神时的精神状态相提并论。我们知道，在古代有些巫师在祭祀活动中养成了一种疯狂的心态，有时则借助某些药物达到这种状态。如在墨西哥南部印第安人女祭司常常焚烧一种蕈菇，使人产生恍惚的感受，或食用这种“神菇”，整夜祈祷并产生很多幻觉。在柏拉图时代，作为娱神的工具的诗歌大都是在向神祈祷或赞美神时才朗诵，所以柏拉图把诗人与巫师相比较，把宗教的迷狂和诗人激越的心理状态相混淆。柏拉图的灵感的迷狂说有其宗教根源。后人对柏拉图的迷狂说的认识是极不相同的，有人认为，

---

[1] [古希腊]柏拉图：《柏拉图文艺对话集·伊安篇》，朱光潜译，人民文学出版社 1963 年版，第 8 页。

迷狂只是诗人在创作时一种平常的昂然自得的精神状态，或是一种情绪高昂的狂热状态；另一种看法是，迷狂是一种“疯狂的形式”，并且习惯上总是把它看作与一个人的正常状态相对立的状态；还有人认为，这种迷狂不过是短暂的，并且是一种控制的结果。柏拉图只是说诗人在作诗时会迷狂，但他并没有说清楚究竟是神使诗人迷狂，还是诗人自己会迷狂。

第二，灵感作为“神赐的真理”。柏拉图说：

> 磁石不仅能吸引铁环本身，而且把吸引力传给那些铁环，使它们也象磁石一样，能吸引其他铁环。有时你看到许多个铁环互相吸引着，挂成一条长锁链，这些全从一块磁石得到悬在一起的力量。诗神就象这块磁石，她首先给人灵感，得到这灵感的人们又把它递传给旁人，让旁人接上他们，悬成一条锁链。凡是高明的诗人，无论在史诗或抒情诗方面，都不是凭技艺来做成他们的优美的诗歌，而是因为他们得到灵感，有神力凭附着。[1]
>
> 优美的诗歌本质上不是人的而是神的，不是人的制作

[1]　[古希腊]柏拉图：《柏拉图文艺对话集 · 伊安篇》，朱光潜译，人民文学出版社 1963 年版，第 7—8 页。

而是神的诏语；诗人只是神的代言人，由神凭附着。[1]

柏拉图把灵感看作神赐的，诗人只是代神说话，这与古希腊的神话传说是分不开的。按照古希腊神话，人的各种技艺都是由神发明并传授的，如诗歌和艺术的最高保护神是阿波罗。柏拉图说文艺须凭神力或灵感，不过是古希腊神话传说在解释文艺源泉上的反映而已。

无可否认，柏拉图的灵感观含有非理性的因素，这一点对中世纪甚至近代都产生了广泛的影响。如新柏拉图派的代表普洛丁发挥了柏拉图的灵感说，在中世纪的基督教文艺思潮中，形成了一个主要的流派。到了康德时期，它又与“天才论”结合在一起，对浪漫主义运动产生了极大影响。甚至在尼采的“酒神精神”中，在柏格森的直觉说、克罗齐的“直觉表现说”及弗洛伊德的“潜意识”理论、荣格的“原型”概念中，都能看到柏拉图的影响。H. 奥斯本在他的《论灵感》一文中追溯这一过程时也说：

柏拉图的“神赐的迷狂状态”这一学说，在希腊文化的时代就被公认为是正统的，并且在罗马的文学理论中仍

[1] [古希腊] 柏拉图：《柏拉图文艺对话集 · 伊安篇》，朱光潜译，人民文学出版社 1963 年版，第 9 页。

> 然保留着。通过十五世纪文艺复兴初期和十六世纪意大利艺术中的诸如莱奥纳多·布鲁尼，马尔西利奥·菲西诺，弗朗西斯科·帕特里奇等柏拉图主义者的批评而再度流行（虽然某些象卡斯特尔维屈罗那样的人文主义者是否认灵感的必要性的）。柏拉图主义者们接受了诗人必须迷狂的说法（热狂的诗学），接受了它是神赐的观点，并且接受了认为诗人在迷狂状态中所说的话都不是他自己的声音而是诸神的声音的说法。由于把绘画、建筑、音乐、雕塑等都作为“文艺”来看待，柏拉图主义的灵感说也就通过菲西诺学派和佛罗伦萨派逐渐被应用于这些艺术中。[1]

柏拉图的灵感说虽然是神秘主义的，但对我们的启示仍是重要的。首先，柏拉图在灵感说中向我们展现了远古遗留下来的一种普遍存在的思维方式，这正是灵感思维在人类历史上出现的最原始的意义。柏拉图的灵感说是远古思维向现代思维的过渡阶段必然产生的认识。借此，我们可以窥视史前人类思维的方式和特征，了解原始文化的起源及其发展的思维机制。因此，不了解原始灵感思维就不能认识神秘的原始文化。其次，柏拉图描述创作诗歌时必须陷入迷狂的状态，否则便不能创造的心理学的特点和过

---

[1]　[英] H. 奥斯本：《论灵感》，《国外社会科学》1979 年第 2 期，第 82 页。

程，对我们了解灵感思维不同于逻辑思维，了解创造过程中的精神及心理状态有很大的启发。剔除其中的宗教神秘观，对这种创造中的激情做科学的解释，就是我们今天研究灵感思维的目的。我们现在不是要忙于批判各种各样的错误的观点，而首先在于指出或揭示每一思想、理论的来源及隐藏在表述意义之后的东西。这样才有可能揭示人类的思维之谜。

3. 神秘灵感观的影响

关于灵感来源于神助的观点在西方影响深远，特别是一些文学家与艺术家，他们充满了创造性，自己也说不清创造性突然爆发的原因，便把它归为神助。如法国作家雨果说："诗人是一个法术家。诗人如同从前一样，听见并呼召女巫们所说的。"（《观赏》）英国诗人雪莱也有这样的观点，他认为，诗实在是一种天启，诗人在传递神的一种福音。（《诗辩》）

在艺术家论自己创作的神赐灵感中，西班牙著名诗人路易拉为自己的诗集写的一篇序言具有一定的代表性。他说道："在一个不能成眠的夜里，在我的脑海里，如同一个外在的世界来临了，使我有这样的一种想法。它给我带来了一个负有使命的浮动诗句的咿唔与喑哑，往复回环地不停……"

在今天，认为灵感是一种神助，是一种迷狂的学者渐渐稀少了，然而认为它是一种抒情的迷醉、节奏的高扬、内心的狂呓的还大有人在。艺术家们认为这种迷醉是在心灵的深处，可以开创创作园地的激昂的心态。

二、近代天才论的灵感说

柏拉图的神赐灵感说在中世纪及文艺复兴初期有较大的影响。到了古典主义和文艺复兴时期人文主义广泛流行以后，人们转而对文学技巧的原则充满强烈的兴趣，冲淡了灵感观念的影响。到了18世纪，启蒙主义者几乎是不用“灵感”这个概念的。这与当时的社会思潮密不可分。启蒙思想家们正是想把人们从中世纪的神学中解放出来，因此必然摈弃带有宗教色彩的灵感观，代之以理性主义的解说。但到了浪漫主义兴起以后又发生了变化，人们发现光靠理性主义之光并不能照亮整个创造过程，乃至整个精神领域。于是古希腊和中世纪的神赐灵感说又转了回来，人们转而从自身来寻找灵感的源泉。为什么在一些人身上有极强的创造性，可以写出有独创性的作品，而另一些人虽然刻苦学习，却永远不能敲开诗歌创作的大门呢？于是，有些人便把灵感的创作源泉双手奉献给了富有创造性的“天才”。

这种灵感理论和传统的灵感理论的主要区别在于，它认为灵感的源泉主要存在于艺术家本身，而不存在于艺术家之外。

实际上，“天才”的概念在古希腊时就存在了，古希腊人把它作为一种非凡的创造能力。如苏格拉底就曾说过：“我知道了诗人写诗并不是凭智慧，而是凭一种天才和灵感。”亚里士多德在《诗学》中也指出：“诗的艺术与其说是疯狂的人的事业，毋宁说是有天才的人的事业，因为前者不正常，后者很敏感。”这里也表现了天才和灵感的一种联系。在拉丁文中，“Genius”（天才）是作为“ingenium”（talent，才能）的同义词而流行的。这个词的原始意义是指“特异的，在一个人的诞生时赋予他的守护和指导的神灵，他的那些独创性的观念是从这里来的”[1]。大约在16世纪，天才作为“talent”（才能）的同义词传到了英国。到了18世纪，天才成了灵感的同义词。早在柏拉图的灵感概念中所富有的作品的独创性，在康德的体系中成了一种典范作品、审美标准，而只有在另一个天才出现时，才能改变。康德说：“天才就是那天赋的才能，它给艺术制定法则。既然天赋的才能作为艺术家天生的创造机能，它本身

[1] [德]康德：《判断力批判》（上卷），宗白华译，商务印书馆1985年版，第154页。

是属于自然的，那么，人们就可以这样说：天才是天生的心灵禀赋，通过它自然给艺术制定法规。”[1]康德还把“天才”狭窄地限制在一个艺术美的领域内。康德的天才论充满了矛盾，他一方面说天才是天生的能力，“它是怎样创造出它的作品来的，它自身却不能描述出来或科学地加以说明，而是它（天才）作为自然赋予它以法规”[2]；另一方面，他又分析了构成天才的心意诸能力，在他看来，“构成天才的心意能力，就是想象力和悟性”[3]。这得到了浪漫主义作家歌德、雪莱、华兹华斯等人的竭力赞扬，他们把与理性相对立的想象和情感作为艺术生命力的源泉，并把天才看作创造诗歌的尺度，灵感也就被认为是天才的一种自然而然的创造能力。正如英国诗人蒲柏所说的，天才诗人“能够获得一种超出艺术范围的天赐”。他认为具有天才的人往往能够感觉到，并且常常相信自己与事物的现象背后那个终极的实在有某种特殊的紧密关系，并且可以接近那种不能用日常语言或科学语言所能表达的神秘真理。因此，天才

[1] ［德］康德：《判断力批判》（上卷），宗白华译，商务印书馆 1985 年版，第 152 页。

[2] ［德］康德：《判断力批判》（上卷），宗白华译，商务印书馆 1985 年版，第 153 页。

[3] ［德］康德：《判断力批判》（上卷），宗白华译，商务印书馆 1985 年版，第 163 页。

的作品就被描述为来自这种伟大的实在的启示，而非言辞所能表达的真理的显露。通过这些作品，普通人就能获得和这种伟大的实在相接触的启示。[1] 这种说法又转而接近柏拉图的学说了。有的人为了获得这种非理性的感悟，以激发起创作的激情，把梦、幻觉及精神病或疯狂作为艺术独创性的条件，从而也就为创造性想象与灵感的潜意识说开了先河。

《歌德谈话录》的编者爱克曼有一次和歌德谈到天才与创造时，歌德说：

> 每种最高级的创造、每种重要的发明、每种产生后果的伟大思想，都不是人力所能达到的，都是超越一切尘世力量之上的。人应该把它看作来自上界、出乎望外的礼物，看作纯是上帝的婴儿，而且应该抱着欢欣感激的心情去接受它、尊重它。它接近精灵或护神，能任意操纵人，使人不自觉地听它指使，而同时却自以为在凭自己的动机行事。在这种情况下，人应该经常被看作世界主宰的一种工具，看作配得上接受神力的一种容器。我这样说，因为我考虑到一种思想往往能改变整个世纪的面貌，而某些个别人物往往凭他们创造的成果给他们那个时代打下烙印，使后世

[1] 参见［英］H. 奥斯本《论灵感》，《国外社会科学》1979 年第 2 期。

人永记不忘，继续发生有益的影响。[1]

实际上，歌德就是这样一位天才的诗人。他每逢诗兴袭来时，便跑到书桌旁边，连摆正斜着的稿纸的时间也没有，急忙从头到尾伫立着便写下去。雪莱也说：

> 诗灵之来，仿佛是一种更神圣的本质渗彻于我们自己的本质中；但它的步伐却像拂过海面的微风，风平浪静了，它便无踪无影，只留下了一些痕迹在它经过的满是皱纹的沙滩上。[2]

在启蒙思想家狄德罗的天才观里，仍保持着天才有一部分是天赋才能的看法。他说："凡是天才……身上，不知道有种什么特殊的、隐秘的、难以言表的精神品质；不具备这一点，就产生不了任何伟大而优美的东西。"他又说："天才纯粹是天赋；它所创造的作品来自一瞬间。""广博的才智，丰富的想象力和内心活动，这就是天才。"[3] 可见，

---

[1] [德]爱克曼辑录：《歌德谈话录》，朱光潜译，人民文学出版社 1982 年版，第 168 页。

[2] [英]雪莱：《诗辩》，载刘若端编《十九世纪英国诗人论诗》，人民文学出版社 1984 年版，第 154—155 页。

[3] [法]狄德罗：《天才》，载《文艺理论译丛》，中国文联出版公司 1984 年版。

在浪漫主义者和唯物论者之间，并不存在一种完全相反的天才观。狄德罗描述灵感与天才时又说：“当他游神物外的时候，他完全接受艺术的支配，可是一到灵感消逝，他又回复为原来那样的人，有时候还是一个普普通通的人。”[1]

狄德罗是唯物主义者，他除了接受天才是天赋的观点外，更注重的是天才人物“广博的才智”。才智当然是属于理性的东西，大部分是后天习得的，而康德则把“悟性”看作天才人物本质的标志。在对待丰富的想象力上，两个人的观点是一致的。实际上，天才在指能力上的范围时远远超出康德给艺术制定的法规之外。杰勒德在他的《天才论》(1774 年) 中说：“天才当然是一种创造能力，依赖于这种能力，人才能在科学中作出新发现或者创造出独具一格的艺术作品。”[2] 拉韦松在《法国哲学》一书中说：“恰恰是在发明创造的活动中，最鲜明地显示出今天人们称之为‘天才’的那种伟大的精神力量。大家都一致认为天才首先在于发明、创造。”[3] 科学的发现和艺术的发现都是天才人物的标志。天才之所以充满创造性，是因为他们有一种天赋

---

[1] [法]狄德罗：《论戏剧艺术》，载《文艺理论译丛》，人民文学出版社 1958 年版，第 129 页。

[2] 转引自[英]H. 奥斯本《论灵感》，《国外社会科学》1979 年第 2 期，第 84 页。

[3] 转引自[英]H. 奥斯本《论灵感》，《国外社会科学》1979 年第 2 期，第 84 页。

的才能，可以直接接受真理的启示。在这样一种新的灵感观中，人自身的天赋代替了原来神的位置。

人的天赋能力几乎是一个说不清的问题。我们惊叹于科学家、艺术家的发明和创作，把他们说成伟大的天才，但我们对他们的天赋能力所知甚少，分不出哪些能力是先天的，哪些是从后天的学习、实践、经验、实验中得到的。虽然今天人们对大脑的一部分生理活动能在细胞和分子水平上来认识，但一个人的天赋在多大程度上受微观结构及先天遗传的影响仍是一个无法彻底认识的问题。一方面，我们可以拿出高尔顿借用他表哥达尔文《物种起源》中的遗传观念应用于人类智力遗传的理论，来说明天才是可以通过生物学的遗传来实现的。另一方面，我们也知道马克思的一句话："搬运夫和哲学家之间的原始差别要比家犬和猎犬之间的差别小得多，他们之间的鸿沟是分工掘成的。"我们又可以把那些特别有创造性的人看成社会环境的产物，人的创造性在本质上也是社会的。另一种观点是折中的，认为人在社会中当然有社会性，同时人又是一种生物，也必然带有生物学的印记。这种看法，还是不能说明究竟什么是人的"天赋能力"，所以天才问题仍可以讨论下去。

近代天才论的灵感说把灵感思维由"神赐的迷狂"拉回到人自身的"天赋能力"上来，这无疑是一个大的进步。它与人类逐渐摆脱神灵的束缚而走向人的自觉密不可分，也是人的自意识发展的一个必然阶段。虽然我们还不能明确天赋能力究竟是什么，但浪漫主义把它归为人的激情、感情，灵感思维就体现在人自身的能力上，人的创造性就是人自身能力的体现。尽管这种灵感观相比古希腊的灵感观有了很大的进步，但“天才说”的烛光并没有全部照亮人类灵感思维的幽秘之所，灵感之谜仍像一个宇宙中的“黑洞”，吸引着人们去探索。继浪漫主义以后，人们进一步从心理学的角度来探索思维之谜，终于在人类深层心理学中发现了潜意识，灵感思维研究在这个背景上又展开了新的历程。实际上，后期浪漫主义的作品中已经包含了西方以潜意识为主要内容的反理性的灵感理论了。

三、现代无意识的灵感说

文艺复兴以后人类建立的“理性”大厦，到 20 世纪前后开始塌陷。人们对理性主义的失望使一些人去追求理性以外的原因，于是出现了现代西方的反理性主义思潮，欧洲的文化精神进行了一次大的转移。叔本华崇尚“意志”，尼采呼唤“超人”，柏格森鼓吹“神秘的直觉”，詹姆斯倡导“意识之流”，存在主义者如萨特等看到的则是“孤独者”的“厌恶”与“荒诞”。于是，在科学、哲学、宗教、艺术及社会生活中都出现了“超现实”性，形成了现代主义思潮，最终演化为后现代主义。

尼采的灵感观无疑是这一思潮的较早表现，他说：

“启示”一字，我们认为是指的：忽然地，带着一种明确的确定，一种不可名言的微妙：有一件事实显示在我们的视觉中，响亮在我们的听觉里，这里有一件事实，使我们在我们心身深处震动，使我们在灵魂根基中摇撼。它实在是一个正确事实的单纯表现；我们听到了，我们不去寻找了；我们拿到了，我们不要它再给我们了，我们的思想，好似一道闪光似的，感到非常必要地，毫无怀疑，也毫无拣选的，从我们流溢出来。这是一种神醉，在那里，我们的心灵过度的紧张了。很多次由于泉涌的泪雨，感到轻松。在那里，不管我们愿意与否，有时候是快马加鞭……这是一种“神越”。在那里，我们感到整个的心旷神怡。在那里，留给我们一种超越的爽快，是一种千百微妙的抚慰，使我们整个的颤动着五内，一直到我们的脚跟……

这一切的经过，并没有我们的自由参加，我们是被拖曳着进入的，如同在一个充满了陶醉、自由、崇高、全能、神性情感所形成的旋风中。其间最奇怪的，乃是那个必要

> 性的特征、图像、喻像在强迫的出现了。人们并且对图像或喻像的一切意义都迷失了；它仿佛是一个很自然、很正确、最单纯的表现，是提供给我们的表现！……这就是我对灵感的经验。[1]

尼采根据他自己的体会，用诗人哲学家的笔触，向我们描述了他对灵感的经验，他重视的是深入灵魂深处的无意识的涌现。弗洛伊德建立的“潜意识”理论，既成了这种哲学精神最好的注脚，又对整个非理性主义思潮起到推波助澜的作用。随着精神分析学说影响的不断扩大，人类对“潜意识”认识的不断深化，灵感理论在心理学的基础上得到阐发，把潜意识作为灵感思维的源泉的观点正在取得越来越大的优势。弗洛伊德的学说，企图解决文艺创作的原动力问题。弗洛伊德在一些文章中强调潜意识中原始本能的力量，强调潜意识在文学创作中的作用。他专门写了一篇《创作家与白日梦》的论文，认为创作恰似“白日梦”，当意识和理智放松了对无意识的控制，灵感就会出现。他说，艺术家就像一个患有精神病的人那样，从一个他所不满意的现实中退缩下来，钻进了他自己的想象力所

---

[1] 转引自赵雅博《中外艺术创作心理学》，台北文物供应社 1983 年版，第 302—303 页。

创造的世界中。但艺术家不同于精神病患者，因为艺术家知道如何去寻找那条回去的道路，而再度把握现实。他的创作（艺术作品）正像梦一样，是无意识的愿望获得一种假想的满足。而且，它在本质上也和梦一样具有妥协性，因为它们不得不避免跟压抑的力量发生正面冲突。弗洛伊德分析了《俄狄浦斯王》《哈姆雷特》及达·芬奇的创作来说明他的理论，这些分析文章就成了精神分析的经典作品。

实际上，在弗洛伊德以前，一些人已经从无意识的角度论述艺术创造力的源泉了。我们甚至可以把这种观点追溯到柏拉图的灵感学说中，因为柏拉图一方面说诗是绝对理性本体的回忆，另一方面又把回忆视为非理性的迷狂，认为最高的理性境界唯有神赐的非理性的迷狂才能达到。莎士比亚也曾声称他从诗人、戏剧家的亲身体验中看到了诗人同“疯子”“情人”在非理性、热狂与神秘性方面的一致。[1] 意大利美学家维柯甚至断言：“诗只能用狂放淋漓的兴会来解释。”[2]H. 奥斯本在《论灵感》一文中引用了英国哲学家卡莱尔的话：“无意识是创造的标记，而有意识充其量也只不过是机械的粗制滥造的标记而已。”卡莱尔在谈到

[1] 参见［英］莎士比亚《仲夏夜之梦》，载《外国理论家作家论形象思维》，中国社会科学出版社 1979 年版，第 13 页。

[2] ［意］维柯：《新科学》，载《西方文论选》，上海译文出版社 1979 年版，第 538 页。

匠艺的作品和有灵感的作品的区别时说："匠艺的作品是有意识的、机械的；而有天赋的作品是无意识的，有生气的。"[1] 雪莱在1821年写的《诗辩》中也把灵感看作发自内心的力量，是由无意识的精神放射出来的。他说："我们天性的意识部分既不能预示灵感的来临，也不能预示灵感的离去。"[2]

在实际的文艺创作中，我们也看到了这种情况，例如弥尔顿创作《失乐园》和英国诗人科尔里奇创作《忽必烈》，据说都是在梦中构思的。美国近代女诗人艾米·罗厄尔甚至说："我把我的主题沉溺在一种下意识之中，正好比把一封信扔进邮箱之中。"她说她这样做了6个月以后，创作概念突然再度呈现为一种知觉，而这时候，它已经完全成了羽毛丰满的艺术作品，艺术家不必再花什么时间给它了。有人把这个"信箱"称为"潜伏期""妊娠期"，或叫作"储蓄罐"。至于"储蓄罐"中发生了什么，只有留给未来的心理学家去解释了。

弗洛伊德的精神分析把儿童的游戏心理与白日梦和梦看成最自由的创造活动。这对企图从潜意识领域来寻找灵感源泉、天才及创造性的人以极大的启发。目前，在西方

[1] ［英］H. 奥斯本：《论灵感》，《国外社会科学》1979年第2期，第86页。
[2] ［英］H. 奥斯本：《论灵感》，《国外社会科学》1979年第2期，第87页。

论述创造源泉的著作中，大都沿这条路在讨论。

美国当代著名心理学家 S. 阿瑞提在论述创造的秘密时认为：人的一切心理活动都不外乎原发过程、继发过程、第三级过程（前两个概念是从弗洛伊德那里借来的，相当于无意识过程、意识过程）。无意识的欲求构成了原发过程的主要内容，体现为有意识的思维；前两种过程的完美匹配是第三级过程的主要内容，体现为审美的升华。创造力的秘密就隐藏在三个过程的相互关系中。只有继发过程的创造，只能是概念的堆砌、逻辑的推理，不能有大的突破；只有原发过程的创造，不会被社会所接受，也只能是二三流的作品；只有从原发过程产生，再经继发过程加工润饰，才能产生一流的作品。S. 阿瑞提还从人类的发生学和个体的发生学出发，指出人类的初期和儿童都有这样一个占统治地位的时期。如原始艺术、儿童艺术都产生过令现代人和成年人拍案叫绝的作品。[1]

日本心理学家研究灵感思维及创造性，往往把它建立在“返童”、梦幻、疯狂或变态的心理上。福岛章认为：“很多创造物是创造者心理的返童（创造性逆行）过程中获得的……创造性就是在‘成人和孩子一致的状态下’才

[1] 参见［美］S. 阿瑞提《创造的秘密》，钱岗南译，辽宁人民出版社 1987 年版。

成为可能的。”[1] 他认为：“创造的人处于既不是正常的也不是发疯的状态，而是处在‘正常与发疯的中间状态’。”[2] 小见山实等认为：“发疯无疑对艺术家个人来说是个不幸，然而它却给‘创造’带来幸运的奇迹，使创造放出了奇光异彩。”[3] 町泽静夫在论述艺术家的梦和灵感时说：“艺术家从梦得到形象的启发是自古以来人们都承认的，然而他们的多数想法和灵感，与其说从梦得到，倒不如说从梦幻状态中得到，因为只有这个状态才有自我统一和逆行的适度紧张关系。”[4] 尼采的《查拉图斯特拉如是说》就是尼采在热那亚散步途中突然陷入忘我状态，这种形象袭击着他，在瞬间便形成它的全貌。多数艺术家不说靠自身的力量得到了那样的灵感，而是往往说在某人、某物的启示下产生了灵感。的确，伟大的艺术灵感是超越艺术家人格的东西，人格只不过是表现灵感的媒介。

弗洛伊德的理论影响极大，但真正完全赞同他的观点

---

[1] [日]马场谦一等编著：《创造性与潜意识》，李容纳译，延边教育出版社1987年版，第2页。

[2] [日]马场谦一等编著：《创造性与潜意识》，李容纳译，延边教育出版社1987年版，第4页。

[3] [日]马场谦一等编著：《创造性与潜意识》，李容纳译，延边教育出版社1987年版，第11页。

[4] [日]马场谦一等编著：《创造性与潜意识》，李容纳译，延边教育出版社1987年版，第91页。

的人极少，就连他的得意弟子荣格、阿德勒后来都背弃了他的学说而另创新说。荣格提出在个人潜意识的深处存在着“集体无意识”，集体无意识是从人类祖先的往事遗传下来的潜在记忆痕迹的仓库，它具有强大的力量，对精神的发展具有巨大的作用。这种能量总是要经过转变并以象征的形式表现出来，这就构成了神话、民间传说、童话等创作的根本动力，构成创造性灵感的源泉。在阿德勒的“个体心理学”中，人类克服“自卑情结”以达到超越则成了创造的原本动力。这样，在由无意识构成的灵感理论中，我们看到了人的本能“力必多”[1]，返童心理、游戏行为、白日梦、梦幻、精神分裂症、变态心理、疯狂、神话原型，都成了灵感的条件和源泉，因为人类的这些行为，都是潜意识的表现。这种学说在文学艺术界的影响极大，如超现实主义艺术。安德烈·布列东（André Breton，1896—1966）在他的《什么是超现实主义》一文中写道：“文学就是无意识写作和梦境的记录。”他认为，无论何时何地，最强的创作欲望都是由灵感激起的。人们通常说要么有灵感，要么没有灵感；在没有灵感时，做梦能“弥补这一欠缺”。

[1] 力必多（libido）是指人类所有的本能力量或能量。精神分析理论的核心与精髓是本能（力必多）决定论，即人的一切行为都是由人的本能决定的，都是在本能的驱使下力必多的转移与分配的结果。

一些人研究了历史上创造力极强、极富灵感的天才人物，发现其中很多人的创造才能是与病态有关的。有人对荣格进行精神分析，发现他是一个一次性精神分裂症患者，年轻时他就有过癫痫发作。此外，像卡夫卡、尼采，都属于精神分裂症的天才，日本的夏目漱石、芥川龙之介、佐藤春夫、三岛由纪夫等人也是如此。

我们也看到一些作家、艺术家为了获得创作的灵感，为了从“无意识”中获得创作的源泉，不惜使用某种能影响神经的药物，在一些对创造性想象的研究中，也使用某些致幻药物去引发不平常的心理状态，以唤醒无意识中那种神秘的与人类原始经验、儿童心态相通的幻觉。

如果把潜意识看成灵感思维的源泉，在某种意义上还是可以成立的。借此我们可以认识为什么灵感袭来时不能预先知晓，灵感思维带来的成果不能依靠对问题进行逻辑推理而得到；可以理解为什么有的作品不能像手工艺品那样生产出来，而常常作者也不能用逻辑的词汇充分解释伟大作品的深刻内涵。但如果把灵感仅仅看作潜意识，那也存在严重问题，因为潜意识的表现也不一定就是艺术，癫狂也不一定就是天才，天才也不一定要癫狂。西方的现代派艺术就犯有这个毛病，一大部分作品只追求表现潜意识而使作者本人也看不懂。这样，灵感理论就误入歧途。特别是在科学研究中，灵感思维绝对不能只是潜意识的，离开了知识的积累、刻苦的追求、社会的需要和理论的规范，任何科学的发现，都是不可能的。于是 H. 奥斯本提出："希望从无意识的理论中提出一种修改了看法的灵感理论，这种理论既无损于无意识理论的优点，又不受它生硬而难以置信的影响。"[1] 实际上，一些人也正是在这方面做出了努力。S. 阿瑞提提出的"第三级过程"的理论，便是对弗洛伊德的理论改造发展的结果。H. 奥斯本又说："假如我们把心目中的某个问题或决定提出来，并有意识地在一段时间内不考虑它，突然这种问题的解答或活动过程作为一种'灵感'或直觉闪现了，并呈现在有意识的知觉中，在这种情况下，它是无意识的。"[2] 但问题仍然没有解决，我们要进一步追问，这突然呈现在意识中的知觉，在潜意识中是怎样活动的？不了解这一个问题，我们还是停留在灵感现象的描述上。

由无意识构成的灵感理论，从天才论的先天禀赋的说法中继续前进，企图从人的潜在精神中找到灵感思维的本源是可取的。这说明人对自身的认识又深入一层，人对自身创造本质的了解又前进了一步，人们对灵感思维的揭示又在更深一层的基础上进行。但由于一些人对人的无意识

---

[1] ［英］H. 奥斯本：《论灵感》，《国外社会科学》1979 年第 2 期，第 88 页。
[2] ［英］H. 奥斯本：《论灵感》，《国外社会科学》1979 年第 2 期，第 91 页。

本能的过分推崇，也产生了荒诞可笑的观点，以致天才成了疯子，梦成了最好的艺术；要想创造具有独创性的艺术，就去吸毒、酗酒，或使自己产生变态心理。这无疑是一条走不通的道路，特别是在科学发现的灵感思维中，疯子、沉醉、幻觉、变态是解释不了这种伟大的创造力的。但灵感思维的奥秘又恰恰隐藏在无意识之中，深入剖析无意识中的创造性，将是从根本上解释灵感思维的一大突破点。

以上我们沿着灵感思维的研究的轨迹，从古希腊到20世纪，选取了几个有代表性的阶段和观点，做了粗线条的描绘。如果认为这可以代表西方的灵感观，那就大错特错了，因此有几点需要说明一下。

第一，从以上介绍可以看出，灵感思维的研究经历了三个阶段，柏拉图“神赐的迷狂”代表了远古到中世纪结束时的灵感观；中经以康德为代表的“天才论”，达到以弗洛伊德“潜意识”为代表的灵感论。这是一条不容忽视的发展线索，是从人的精神领域企图解释灵感思维之谜的尝试。由神赐发展到人自身及人的心理结构中，这是灵感研究的三次超越，和人类自身的发展和社会的发展步调是一致的。远古的宗教及神学的观念，已经被科学的哲学和心理学所代替。如果说这条发展线索是在唯心主义认识路线下进行的话，那其中也包含着相对的真理性。灵感思维要阐明思维的规律，必须要在人的精神世界的发展进程中进行，必须通过剖析人的心理而达到。通过这条线索，我们发现人在向人自身回归，从由人的本质异化出来的“神赐”回归到人的潜意识之中，并从中揭示神与潜意识的关系。人类在远古时的思维方式就是灵感的。由神的观念，我们可以推及灵魂、巫术、图腾、神话与潜意识的关系。荣格猜测到了这一点，提出了集体无意识的理论，但他又把此归为本能。我们则认为这是文化的结果，是与文化的发生和发展密不可分的。我们仍坚信马克思的人“是一切社会关系的总和”[1]的著名论断。在文学批评领域，20世纪最重要的批评流派之一的“神话—原型批评”就试图在人类审美意识符号化的艺术中，发现人类远古神话原型的象征模式。换句话说，人类远古的文化模式，必然通过集体无意识在人类的历史进程中保存下来，并影响生长在文化环境中的个体的精神。人类也许自己没有意识到这一点，但通过分析便可以看到人类潜意识中的神话原型。在中国现代美学领域，从实践的观点提出关于“积淀”的理论来探讨民族文化心理，正是在此基础上展开的。

第二，有些人认为从神赐天启论到先验天才论，再到自然天性论，灵感理论在西方的嬗变是一条唯心主义路线，

[1]《马克思恩格斯选集》（第一卷），人民出版社1972年版，第18页。

并认为还有一条与之相对立的唯物主义的灵感发展路线。这个结论是可以重新研究的，比如德谟克利特由于提出世界是由“原子”组成的及“一切原子是不可毁灭的”[1]而荣获“唯物主义反映论”的美名。实际上并非如此，先不说柏拉图的灵感观受德谟克利特的影响，就是从德谟克利特仅有的断编残简中，我们也可以看到它与柏拉图的灵感观一般无二。德谟克利特说过：“没有一种心灵的火焰，没有一种疯狂式的灵感，就不能成为大诗人。”[2]贺拉斯在《诗艺》中说：“德谟克利特相信天才比可怜的艺术要强得多，把头脑健全的诗人排除在赫利孔之外，因此就有好大一部分诗人竟然连指甲也不愿意剪了，胡须也不愿剃了……”[3]贺拉斯所处的时代不过比德谟克利特大约晚 300 年，他引证的德谟克利特的话应当是比较可靠的。

我们并不否认在认识论上有唯物论和唯心论之分，我们反对的是这样一个形而上学的公式：凡从精神上来探讨问题就等于唯心主义，凡唯心主义就是反动的、落后的；凡从物质上来探讨问题就是唯物主义，凡唯物主义就是革

---

[1] [英]罗素：《西方哲学史》（上卷），马元德译，商务印书馆 1982 年版，第 96 页。

[2] 朱光潜：《西方美学史》，人民文学出版社 1979 年版，第 35 页。

[3] 亚里斯多德、贺拉斯：《诗学　诗艺》，罗念生、杨周翰译，人民文学出版社 1962 年版，第 153 页。

命的、先进的。英国历史学家汤因比（1889—1975）说："物质是不能用精神论彻底理解的。精神也不可能用物质论来理解。"[1] 唯心论在世界的本源上搞颠倒了，但并不能否定他们在探讨人类精神上做出的贡献。马克思认为，从前的一切唯物主义，包括费尔巴哈的唯物主义的主要缺点是：对事物、现实、感性，只是从客体的或者直观的形式去理解，而不是把它们当作人的感性活动，当作实践去理解，不是从主观方面去理解。所以，结果竟是这样：和唯物主义相反，唯心主义发展了能动的方面，但只是抽象地发展了，因为唯心主义当然不知道什么是真正现实的、感性活动本身的。

马克思对旧唯物主义的批判在今天仍然是有现实意义的。历史唯物主义也要求我们把问题放在当时的历史背景中去，给予合理的、实事求是的解释。与其从唯物主义与唯心主义划分历史上的灵感观，不如从理性和非理性的角度来划分。在灵感问题上，也有些人认为这并不是神秘的非理性的现象，他们从各自所信仰的人类理性中去寻求灵感的现实性。比如黑格尔是一个理性主义者，他真诚地希望用理性来说明一切，他对非理性的灵感持反对的态度。

---

[1]［英］汤因比、［日］池田大作：《展望二十一世纪——汤因比与池田大作对话录》，荀春生等译，国际文化出版公司 1985 年版，第 15 页。

他说：

> 事实上，当我们注意到，有些根本不能思维一个抽象命题更不能思维几个命题的相互关联的人，他们的那种无知无识的状态，他们的那种放肆粗疏的作风，竟有时说成是思维的自由和开明，有时又说成是天才或灵感的表现，诸如此类的事实，是很令人不快的。哲学里现在流行的这种天才作风，大家知道，从前在诗里也曾盛极一时过。[1]

黑格尔主张一种理性主义的灵感论。他说："无论是感官的刺激，还是单纯的意志和决心，都不能引起真正的灵感。……要煽起真正的灵感，面前就应该先有一种明确的内容，即想象所抓住的并且要用艺术方式去表现的内容。"[2]"如果我们进一步追问艺术的灵感究竟是什么，我们可以说，它不是别的，就是完全沉浸在主题里，不到把它表现为完满的艺术形象时决不肯罢休的那种情况。"[3]黑格尔

[1] [德]黑格尔：《精神现象学》（上卷），贺麟、王玖兴译，商务印书馆1979年版，第46—47页。

[2] [德]黑格尔：《美学》（第一卷），朱光潜译，商务印书馆1979年版，第364页。

[3] [德]黑格尔：《美学》（第一卷），朱光潜译，商务印书馆1979年版，第365页。

从唯理主义哲学体系出发，否定了灵感中非理性主义的因素。他的这个看法是他的哲学体系的必然结果，并不能从理性上揭示灵感的真正内涵。黑格尔以后哲学和文艺创作的发展也证明了这一点。但如果从人的自意识的本质来看黑格尔的灵感观，仍然可以受到启发。他是从人的意识对潜在能力必然产生作用这个角度来探讨问题的。如果在灵感理论中，失去人的意识对潜意识的意识内容，那么这种非理性的灵感观也同样是错误的。也许，在理性主义者和非理性主义者之间并没有截然的对立。非理性主义者强调的是潜意识突然涌现于意识之中的过程，而理性主义者强调的是人的意识对潜意识作用的那一部分。如果我们在理性主义者和非理性主义者之间架起一座桥梁的话，也许可以更合理地说明灵感思维。

第三，根据灵感理论的发展，我们也可以看到对灵感思维的研究和阐发在诗学和美学的领域得到了全面的展开。柏拉图的灵感说针对的是诗人的创作，康德的天才说也是为艺术制定法则，弗洛伊德的潜意识虽然也联系到人类的文明史和文化史，但许多人仍然是从诗学或美学角度对此进行阐发的。

为什么会产生这种现象呢？因为艺术是最富有创造性的领域，艺术与人类的想象、幻想、梦幻有着密切的联系。艺术这一形式，最能表现人类潜意识的领域。人类集体无意识中的神话原型，也必然要在艺术中得到表现。许多文艺理论家、美学家、哲学家在深入思索艺术的本质时，在探讨人类美感的起源时，在深入挖掘隐藏在人类艺术创造之后的巨大的心理动力与精神结构时，便发现了灵感现象，并根据自己的认识企图来阐明它。

在一般人看来，科学的领域是理性的王国，亚里士多德以来的逻辑学倡导的也是理性的方法。归纳、分析、比较、观察和实验是科学的主要方法。但在科学的领域也存在灵感思维，从古希腊的阿基米德发现浮力定律到牛顿发现万有引力定律，从达尔文发现进化论到爱因斯坦发现相对论，无不如此。但在科学的领域研究灵感思维，比起诗学的领域相差就太大了。造成这种状况的原因大概是科学家不善于或不想去详细分析自己发现时的思维，像爱因斯坦那样能对自己的发明过程中的灵感做详细描绘的人是不多见的。英国剑桥大学教授贝弗里奇在《科学研究的艺术》一书中，搜集了许多科学家发现的例证，说明了科学研究中灵感思维的存在。他解释说：

> “直觉”一词有几种略微不同的用法，所以一开始就必须指出：直觉用在这里是指对情况的一种突如其来的颖悟或理解，也就是人们在不自觉地想着某一题目时，虽不一定但却常常跃入意识的一种使问题得到澄清的思想。“灵

感”“启示”和“预感”这些词也是用来形容这种现象的，但这几个词常常还有别的意思。[1]

这种现象的心理作用现仍未被充分理解。一般的，虽不是普遍的意见认为：直觉产生于头脑的下意识活动，这时，大脑也许已经不再自觉注意这个问题了，然而，却还在通过下意识活动思考它。[2]

灵感作为一种瞬间的顿悟，不仅体现在诗歌创作上，而且遍及创造性精神活动的王国。它首先在诗坛被描述，然后又发展到科学的领域。从灵感思维发展史看，科学上的灵感论出现得比较晚，并且不成系统。只是到了20世纪80年代，才提出在文艺和科学领域存在着一种共同的灵感思维。这也是灵感思维历史发展的必然逻辑。

科学家和哲学家更喜欢用科学直觉来描述灵感现象。直觉和灵感是有区别的，在许多理论家那里两者则混淆不清。直觉可以通过研究“前意识”来阐明，而灵感则深埋在“潜意识”中。

---

[1] [英] W.I.B. 贝弗里奇:《科学研究的艺术》，陈捷译，科学出版社1979年版，第72页。

[2] [英] W.I.B. 贝弗里奇:《科学研究的艺术》，陈捷译，科学出版社1979年版，第77页。

第三章

中国古代的灵感学说

没有一种艺术传统要比中国古代的艺术传统更加竭尽全力于灵感的追求。

——[英]贡布里希《艺术与幻觉》

一、灵感概念的产生

“灵感”这个词在我国古代也能找到，如《文镜秘府论·论病》曰：“灵感沈秘，雕弊实繁。”但这里的“灵感”，指与刻意追求声律“雕弊”相反的那种自然灵妙的意境，丝毫没有“inspiration”的意思，既不指神赐的迷狂，也不指人神的沟通。

也有在人与神沟通这个意义上使用“灵感”一词的，如《西游记》第47—49回，记有一座“灵感庙”，内设灵感大王之牌位。[1]作为创造活动中的“顿悟”这个意思而广为使用的灵感概念，是从西方翻译过来的。据朱狄考证，在这个意义上的灵感概念，“最早出现在中国文坛上时，估计不会早于本世纪20年代”[2]。胡适在他的白话文新诗中已经用了“灵感”一词，不过他用的是音译“烟士披里纯”。创造社的一些浪漫主义作家如郭沫若等人，也是相信灵感

[1] 参见吴承恩《西游记》，人民文学出版社1980年版，第617页。

[2] 朱狄：《灵感概念的历史演变及其他》，载《灵感之谜》，北京师范学院出版社1986年版。

的。1923 年 3 月在上海成立的文艺团体弥洒社，在宣传其文学宗旨时说："无目的、无艺术观、不讨论、不批评，而只发表顺应灵感所创造的文艺作品。"[1] 徐志摩在《诗刊弁言》中也说："我们相信文艺的生命是无形的灵感加上有意识的耐心与勤力的成绩。"[2] 鲁迅先生针对一些人对灵感的解释予以辛辣的讽刺，他说："以为艺术是艺术家的'灵感'的爆发，像鼻子发痒的人，只要打出喷嚏来就浑身舒服，一了百了的时候已经过去了。"[3]

后来，英语的"inspiration"由音译"烟士披里纯"意译为"灵感"。这个意译是极好的，它很符合西方灵感概念的原始意义。在原始人那里，也存在一种灵感思维。柏拉图的灵感观，正是这种思维在理论上的表述。古希腊的灵感观与巫师有关，巫师作为人神之间的中介可以通神。一般来讲，巫师在施行巫术时，往往都要经过一定的仪式舞蹈或借助药物、酒精等，使精神处在一种癫狂状态，以便与神交感。因此，用"灵感"两个字来表示这个意思是再恰当不过的了。

---

[1] 何若：《如此刘穆》，载杨之华编《文坛史料》，上海中华日报社 1944 年版，第 210 页。

[2] 徐志摩：《诗刊弁言》，《诗刊》（《晨报副刊》第一号）1926 年 4 月 1 日。

[3] 鲁迅：《论"旧形式"的采用》，载《鲁迅全集》（第六卷），人民文学出版社 2005 年版，第 23 页。

二、哲学中的灵感

在中国古代哲学中，虽然没有现代意义上的“灵感”一词，但有这种思维形式的描述。有些比较文化学者和哲学家在分析中西哲学的异同时认为，中国哲学“重了悟而不重论证……只重生活上的实证，或内心之神秘的冥证，而不注重逻辑的论证。体验久久，忽有所悟，以前许多疑难涣然消释，日常的经验乃得到贯通，如此即是有所得”[1]。所以，中国哲学的思维方式大多是灵感或顿悟式的。

1. 老子：涤除玄鉴

老子曰：“涤除玄鉴，能无疵乎？”（《老子》第十章）“涤除”就是洗除垢尘，也就是去掉人心中的各种欲念和杂质，使头脑变得像镜子一般纯净清明。“玄鉴”就是直接观照“道”。实际上，老子讲的就是一种以虚静生灵感的思维方式。心居玄冥之处，便可览知万物。老子又说：“致虚极，守静笃。万物并作，吾以观复。”（《老子》第十六章）“观复”即回到万物的本原上去。有了“玄鉴”的灵感，就可以“不出户，知天下；不窥牖，见天道”（《老子》

[1] 张岱年：《中国哲学大纲》，中国社会科学出版社 1982 年版，第 8 页。

第四十七章)。这样就成了圣人，可以“不行而知，不见而明，不为而成”(《老子》第四十七章)。“从词源学来看，甲骨文里的‘圣’字由一只大耳朵和一张小口组成，可能意味着聆听（也许是指聆听神灵的话）和传播听到的话。”[1]为了聆听神灵的指示，当然要去掉各种杂念。老子虚静生灵感的理论对后世影响很大，南朝宋画家宗炳提出的“澄怀观道”“澄怀味象”的命题，就是受了老子的影响。对老子“玄鉴”说大力发扬的是庄子。

2. 庄子：心斋、坐忘

“心斋”“坐忘”就是要排除世上万物的干扰，做到虚静空明，然后达到“无为而治”“无为而无不为”。庄子并把此作为一切艺匠必须具有的精神状态。在一些寓言中，他把这一思想发挥得淋漓尽致，如“梓人削木为锯”“庖丁解牛”“津人操舟”“宋元君将画图”等。《庄子·秋水》曰：“可以言论者，物之粗也。可以意致也，物之精也。言之所不能论，意之所不能察致者，不期精粗焉。”郭熙《林泉高致·画意》曰：“庄子说画史解衣般礴，此真得画家之法。人须养得胸中宽快，意思悦适。如所谓易直于谅，油然之

[1] 秦家懿、孔汉思：《中国宗教与基督教》，吴华译，生活·读书·新知三联书店1990年版，第16页。

心生，则人之笑啼情状，物之尖斜偃侧，自然布列于心中。不觉见之于笔下。"《庄子·大宗师》曰："堕肢体，黜聪明，离形去知，同于大通，此谓坐忘。"这样就能产生"至美至乐"的"灵感"意境。

庄子的"心斋""坐忘"，用今天的心理学来讲，就是要调动潜意识的精神状态进行创造。这可以解释中国一些艺术家在酣醉中得灵感的现象。《新唐书》说张旭"每大醉，呼叫狂走，乃下笔。或以头濡墨而书，既醒自视，以为神，不可复得也，世呼张颠"。更进一步讲，庄子认为人的创造性来源于高度的自由境界，即达到了"心斋""坐忘"的境界，便可产生"灵感"，此后便"大彻大悟，如朝阳初启一切皆明，而后能见绝对之道"[1]。

3. 管子：精气之极

《管子》一书为西汉刘向整理，书中记载了战国中期宋钘、尹文的重要思想。宋钘、尹文提出的精气学说，继承了老子"道""气"的理论。《管子·内业》说："凡物之精，此则为生。下生五谷，上为列星，流于天地之间，谓之鬼神，藏于胸中，谓之圣人。"他们认为：宇宙万物都是由精气产生的，精气流动于天地之间，就叫作"鬼神"，精

[1] 张岱年：《中国哲学大纲》，中国社会科学出版社 1982 年版，第 535 页。

气藏于人的胸中，就产生智慧，成为“圣人”。这种思想仍然是先秦时期灵魂可以进出人体的观念的表现。

《管子·内业》论述灵感思维说：“思之思之，又重思之。思之而不通，鬼神将通之，非鬼神之力也，精气之极也。”这就描述了灵感思维的一些特征：经过长期苦思不得要领，忽然有悟，使以前的一切豁然贯通了。这看上去好像得到了鬼神帮助，实际上是自己沉思时“精气”所致。“精气”为何物？《管子·内业》曰：“精也者，气之精者也。”“气”是宇宙万物的根源和本体，忽然的相通也就是与宇宙的本源相通。这种看法与柏拉图的哲学有相似之处。《管子》提出的“精气”说，如果用潜意识理论进行改造对我们是有启发作用的。精气说对后世影响也极大，往往成了后世解释灵感的理论依据。明末清初金圣叹说：“不阁笔，不卷纸，不停墨，未见其有穷奇尽变、出妙入神之文也；笔欲下而仍阁，纸欲舒而仍卷，墨欲磨而仍停，而吾之才尽，而吾之髯断，而吾之目矐，而吾之腹痛，而鬼神来助，而风云急通，而后奇则真奇，变则真变，妙则真妙，神则真神也。”[1] 清代郑板桥说：“思之思之，鬼神通之。”[2] 这都直接引用了《管子》中的话来解释

[1] 金圣叹批《水浒传》，第 41 回总评。

[2] 《郑板桥集》，上海古籍出版社 1979 年版，第 178 页。

自己的灵感。

在《易传》中，也提出过这种思维方式，即“精义入神”的直觉法。《易传》曰：“精义入神，以致用也。”“穷神知化，德之盛也。”“夫易，圣人之所以极深而研几也。唯深也，故能通天下之志；唯几也，故能成天下之务；唯神也，故不疾而速，不行而至。”这里的“精义入神”“穷神知化”“不疾而速，不行而至”都讲的是一种洞彻无间的灵感境界。

4. 程颐、朱熹：格物致知

格物致知是古代儒家的一个重要思想，《礼记·大学》“八目”中就有“格物”，认为致知在格物。格物就是推究事物的原理，从而获得知识。

到了宋明理学，开始重视直觉的领悟。如程颐、朱熹在思维方法上，也十分重视直觉灵感的作用。程颐说：“致知在格物……凡一物上有一理，须是穷致其理。……若只格一物便通众理，虽颜子亦不敢如此道。须是今日格一件，明日又格一件，积习既多，然后脱然自有贯通处。”格物就是体察事物，格物多了，便会恍然有悟，产生灵感。程颐又说：“须是集众理，然后脱然自有悟处。”“理会得多，相次自然豁然有觉悟处。”朱熹也说：“用力之久，而一旦豁然贯通焉，则众物之表里精粗无不到，而吾心之全体大用无不明矣！”这与程颐的说法相似，在花了一番工夫后，便会豁然贯通，获得灵感。朱熹又说：“积习既多，自当脱然有贯通处，乃是零零碎碎凑合将来，不知不觉，自然醒悟。其始固须用力，及其得之也又却不假用力。”[1]

从以上内容可以看出，程颐、朱熹的灵感观包含两个阶段：第一阶段是发愤用功，接触、观察、体验事物，一个一个地攻取难关，然后深思；第二阶段表现为在某一时候，豁然领悟，知识贯通，获得认识的飞跃，这就是灵感思维。程颐、朱熹从哲学的认识论上来论述灵感思维是比较切合实际的，但缺乏对灵感思维进行心理学的分析，所以给人的感觉不够深刻。这是由唯理主义者的局限性造成的。

5. 陆九渊：一明皆明

陆九渊的灵感观，与程颐、朱熹不同，在他看来，认识没有积累过程，要么一下子大彻大悟、全部理解，要么“一是即皆是，一明即皆明”。他说：“内无所累，外无所累，自然自在。……彻骨彻髓，见得超然于一身，自然轻清，自然灵大。”这就是直觉主义的灵感观了。

---

[1] 转引自张岱年《中国哲学大纲》，中国社会科学出版社 1982 年版，第 547—551 页。

三、禅宗里的灵感

“灵感”本意指神赐的真理，指人神之间的沟通，这本身就有宗教的意思。在西方的中世纪，宗教占统治地位，灵感便被宗教利用。在东方的宗教如佛教中，也有这种思维形式的理论，并且被提到相当高的地位。佛教传入中国，经过变迁，六祖慧能始创南宗顿悟派，以后日益发展，成为具有鲜明特色的中国禅宗。

佛教源于印度，古代印度十分重视内向自省、摒虑静思式的修炼，释迦牟尼前的《奥义书》就记载了许多静坐沉思的方法。古代印度又有《瑜伽经》一派，实践“瑜伽”，即调息静坐、冥思入定的修行。佛教的坐禅修炼的方法，可以归为“五大法门”和“四禅定”。“五大法门”指调息、不净、慈悲、因缘、念佛；“四禅定”就是坐禅修行的四个阶段。“禅”是天竺语，意为“思维修”；“禅定”就是安静地沉思，经过四个阶段便可达到灵感状态。据说在“初禅”阶段，能排除烦恼欲望的干扰，产生喜悦感；在“二禅”阶段，带有外物的喜悦消失了，只留下了内在纯净的、平静适意的自然乐趣；在“三禅”阶段，这种喜悦遂化为一种自身的自然属性；在“四禅”阶段，人便达到了无欲念、无喜忧的境界，得到了澄澈透明的智慧。

相传当年佛祖释迦牟尼在灵山聚众说法，曾拈花示众，听者都不明白其中的奥秘，只有迦叶尊者默然神会，微微一笑。佛祖知道他已领悟，对这个聪颖的弟子格外赏识，于是宣布要把普照天地万物的全体佛法传授给他。[1] 这种“以心传心”、瞬间领悟的思维方式，就成了以后禅宗所推崇的思维方式了。

高僧菩提达摩也讲禅法，但方法比较简单：“客尘障故，令舍伪归真，凝住壁观，无自无他，凡圣等一，坚住不移，不随他教，与道冥符，寂然无为，名理入也。”[2] 这就是要面壁而观，舍伪求真，以达到彻悟。

东晋高僧竺道生（355—434）提出了“顿悟成佛”，这里的“顿悟”是和“渐修”相对的一种方法。他说：“理智恚释，谓之顿悟。见解名悟，闻解名信。信解非真，悟发信谢，理数自然，如果熟自零。悟不自生，必籍信渐，用信伏惑，悟以断结。”[3] 他的意思是渐修为顿悟准备了条件，但渐修不能得到真理，只能得到间接知识，只有“悟发”才能产生飞跃，达到圆满的真理，获得佛性。这样，渐修也就失去了作用。实际上，他提倡的也是一种“顿悟”式的思维。

[1] 参见《五灯会元》卷一。

[2] 任继愈：《中国哲学史》（第三册），人民出版社 1966 年版，第 79—82 页。

[3] 肖萐父、李锦全：《中国哲学史》（上卷），人民出版社 1982 年版，第 433—435 页。

到了唐代，被称为禅宗“六祖”的慧能，抛弃了累世的渐修办法，在韶州曹溪创立了禅宗“顿悟派”，以后风靡千年，席卷东亚，形成南宗禅。慧能认为，不停地磨砖并不能磨成镜子，而坐禅渐修也不可能成佛。他主张不坐禅，而主张“即心成佛”“见性成佛”。慧能是不识文字却能“悟道”的典范。他的主要教义之一便是“不立文字”，即不在思辨推理中去做“知解宗徒”，因为在他看来，语言、文字、思辨都是有限的、片面的、僵死的、外在的，要彻底抛开，只有用形象直觉式的灵感，才能表达和传递那些被称为不可以表达和传递的东西。这就是“顿悟”。李泽厚认为：

禅宗讲求的“悟”并非理智认识，又不是不认识，而只是一种不可言说的领悟、感受。

禅宗讲的是“顿”悟。它所触及的正是时间的短暂瞬刻与世界、宇宙、人生的永恒之间的关系问题。这问题不是逻辑性的，而是直觉感受和体验领悟性的。即是说，在某种特定条件、情况、境地下，你突然感到在这一瞬刻间似乎超越了一切时空、因果，过去、未来、现在似乎溶在一起，不可分辨，也不去分辨，不再知道自己身心在何处（时空）和何所由来（因果）。

禅宗的“悟道”便经常成为一种完全独特的个体感受

和直观体会，亦即个体感性经验的某种神秘飞跃。

这是一种非分析又非综合、非片断又非系统的飞跃性的直觉灵感。

禅宗的种种机锋，都显示它们讲求的是创造的直观，亦即在感受中领悟到某种宇宙的规律。这种思维认识方式具有审美的特征，它是非概念非逻辑性的启示。

这种非分析非归纳的创造直观或形象思维正是人不同于计算机器，是人之所以能作真正科学发现的重要心理方式。[1]

我们认为，禅宗的这种独特的以神秘的直觉为特征的非理性思维是灵感思维的一种形式。它具有以下特征。

第一，非理性的直觉体验。它抛弃一切逻辑思维所必要的程序，如概念、判断、推理等，在沉思冥想中突破时空、物我的界限，使沉醉的潜意识觉醒达到物与我的交流与创造。

第二，瞬间的顿悟。禅定达到物我两忘的境地，潜意识的非理性思维活动在突然受到触发后就升华了，刹那间便超越了一切。在这种状态下，世界混沌一片，时空、物我、因果全忘，人与宇宙合而为一，成为永恒。这种感受

[1] 李泽厚：《中国古代思想史论》，生活 · 读书 · 新知三联书店 2008 年版。

只能是个人的，它如电石火花，稍纵即逝。

第三，不可喻性。“顿悟”的内在感受是不可言传的瞬间感受，这种神秘的体验是不能用文字、语言说明并传达的。《华严经》曰：“言说不及，不能记别……体性寂静，惟诸圣者自内所证。”禅宗一开始就立下了“不立文字”的规矩，但不可言传还是要传，因此他们便用动作代替语言，或用自相矛盾的概念、判断来启发灵性，或用一些朦胧含糊、简练至极的话头和机锋来引发灵感。禅宗的“公案”便是这种话头与联想的记载。

第四，“活参”。对上述玄而又玄的表达方式，禅僧在理解的过程中往往用“活参”法。所谓“活”，是指理解的随意性强，可以发挥各自的自由联想，只要能采用中国传统的即物体验方式，从日常琐事或山河大地、风花雪月、鸟兽虫鱼都能体验到禅理。[1]

从直觉体验、顿悟、玄妙的表达到“活参”领悟，构成了禅宗独特的灵感思维方式。这种思维方式与中国传统的哲学如老庄及玄学有许多相同或相通之处。也可以说，禅宗融合了印度佛教与中国的老庄与玄学。这与中国传统

---

[1] 参见葛兆光《禅宗与中国文化》，上海人民出版社 1986 年版，第 144—148 页。

思维重感性直观、内心体验、直观外推、灵性顿悟有一定的联系。这种思维方式是美学的、艺术的，虽然缺少科学思维的逻辑力量，但对中国的文学艺术产生了极大的影响，以至出现了后来的以禅喻诗说的盛行。

四、以禅喻诗

禅宗所倡导的灵感思维，要求在一瞬间领悟平时难以领悟的道理，体会平时难以体会到的情感，达到物我统一、浑然一体。这种思维方式含有跳跃式的联想，可以激发人心深处的自由创造精神，因此它与艺术创作活动中的审美心理有许多相同或相似的地方。自从禅宗在中国产生，便为中国士大夫知识分子所欣赏，并深深影响了文艺创作，许多文艺家喜欢以禅宗来论文艺。

南朝时，著名山水诗人谢灵运笃信佛教，他在《辨宗论》中阐明了他对“悟”的理解，并以此来表述他的艺术思维。他的山水诗《从斤竹涧越岭溪行》说：

情用赏为美，事昧竟谁辨。
观此遗物虑，一悟得所遣。

到了宋代，虽然道学盛行，但自唐末兴起的南宗顿悟仍十分盛行，两宋文艺家以禅喻诗成为风气。苏轼、黄庭坚、杨万里、陆游等人都用禅语论诗。苏轼说："每逢佳处辄参禅。"陆游说："学诗大略似参禅，且下工夫二十年。"陆游在《夜吟》第二首又说：

> 六十余年妄学诗，工夫深处独心知。
> 夜来一笑寒灯下，始是金丹换骨时。

南宋魏庆之《诗人玉屑》云："识文章者，当如禅家有悟门。夫法门百千差别，要须自一转语悟入。如古人文章直须先悟得一处，乃可通他处。"严羽《沧浪诗话》云："唯悟乃为当行，乃为本色"，"大抵禅道惟在妙悟，诗道亦在妙悟"。

与严羽交往甚密的戴复古的《论诗十绝》曰：

> 欲参诗律似参禅，妙趣不由文字传。
> 个里稍关心有悟，发为言句自超然。

王庭珪《泸溪文集》卷六《赠曦上人》曰：

> 学诗真似学参禅，水在瓶中月在天。

夜半鸣钟惊大众，斩新得句忽成篇。

这种以禅喻诗的讨论，不但在宋代随处可见，而且在元明清各朝代都有人倡导。明代著名思想家李贽《焚书》卷四云："侯谓声音之道可与禅通，似矣。"明代戏曲理论家徐渭《南词叙录》云："填词如作唐诗，文既不可，俗又不可，自有一种妙处，要在人领解妙悟，未可言传。"清代诗论家王士祯指出独创性的好诗是入禅之作，他在《带经堂诗话》中说："其妙谛微言，与世尊拈花，迦叶微笑，等无差别，通其解者，可悟上乘。"清人沈祥龙《论词随笔》云："词能寄言，则如镜中花，如水中月，有神无迹，色相俱空，此惟在妙悟而已。"

许多人不但把禅宗的"顿悟"作为创作诗歌所必需的要素，而且在诸如绘画、书法等艺术中，都用禅宗来进行比喻。如郭若虚《图画见闻志》云："（武宗元）尝于广爱寺见吴生画《文殊普贤大像》，因杜绝人事旬余，刻意临仿，蹙成二小帧。其骨法停分，神观气格，与夫天衣缨络，乘跨部从，较之大像不差毫厘，自非灵心妙悟，感而遂通者，孰能与于此哉！"宋代书法家朱成文《续书断》云："（怀素）自云得草书三昧。始其临学勤苦，故笔颓委，作笔冢以瘗之。尝观夏云随风变化，顿有所悟，遂至妙绝，如壮士拔剑，神彩动人。"宋人成玉磵《琴论》云："攻琴如参禅，岁月磨炼，瞥然省悟则无所不通，纵横妙用而尝若有余，至于未悟，虽用力寻求，终无妙处。”

禅宗的“顿悟”为什么可以用来比拟艺术的灵感呢？因为在心理活动的深层结构中，它们有相通之处。我们知道，南宗顿悟派讲究从个人的主观体验出发，追求某种突发的机缘，以达到觉察人生的至理，由顿悟而成佛。在艺术的灵感中，作者从主观感情出发，在苦苦的追求中，自己心底自由创造精神的爆发，使自己的情感与自然达到和谐统一。这里，理智化作情感，客体融入主体，激情化作形象，在感性直观中看到了生命的本质，体悟到了真理，在一瞬间的审美升华中，作者的精神体验和创造精神达到了高潮，享受着未曾有过的愉悦。对这种创造灵感的爆发，对审美心理的升华过程，有些人已经有了一些认识，这种认识和中国的禅宗一拍即合，所以自禅宗流行，以禅喻诗说便盛行不衰。

五、文论中的灵感

中国是一个文学艺术十分繁荣的国家：先秦神话、歌谣，两汉乐府、大赋，魏晋志怪，唐宋诗词、传奇，明清小说、戏剧，无不在世界文学艺术史上令人瞩目。中国的哲学也充满着艺术的味道，生活本身也被艺术化了。中国谈论艺术理论的著作也特别多。艺术作为最富有创造性的领域，在创作的过程中到处充满着灵感思维。在中国的文论、诗话、词话、乐论、画论、书论等著作中，论述灵感现象的文字随处可见，甚至在笔记、杂录、史传、书札、评点、批注及许多类书、丛书中，对灵感思维也多有论及。

但是，中国古代的文论中没有直接用“灵感”一词的，多用“兴会”“神思”“妙悟”“意境”“性灵”“神韵”等术语。这些术语的一些内涵，实际上就是对灵感思维现象的描述或论述，不过侧重点有所不同而已。

我国古代文论中的“兴会”便是指审美直觉，指文艺创作中的灵感现象。审美往往是无意识地进行，并不需要一个推理的过程。在文艺创作中，有时“神思”特别活跃，“兴会”突然萌发，这便使作者的创作欲望特别强烈，审美想象极其丰富，生动的形象纷至沓来，思路畅通无阻，许多富有独创性的作品就是在这种状态下完成的。即使一部长篇巨著，也可以在一瞬间获得对全部内蕴比较清晰的印象，然后再经过长期的加工。而在“兴会”状态下，作者的才智大增，精神处在巅峰状态，创造的艺术作品也达到了浑然天成、妙不可言、出神入化的境界。举个例子，苏轼的《书蒲永升画后》一文记叙了蜀人、著名画家孙知微为成都大慈寺寿宁院创作壁画的情景。开始，孙氏“经营度岁，终不肯下笔”，突然“一日，仓皇入寺，索笔墨甚急，奋袂如风，须臾而成，作输泻跳蹙之势，汹汹欲崩屋也”。经过长期酝酿，灵感一旦爆发，便一发不可收拾，一挥而就，即成佳作。

在中国文艺美学思想史上，陆机较早地提出文艺创作的兴会问题，并做了描述和分析。他在《文赋》中说：

> 若夫应感之会，通塞之纪，来不可遏，去不可止。藏若景灭，行犹响起。方天机之骏利，夫何纷而不理。思风发于胸臆，言泉流于唇齿。[1]

在陆机的眼里，文艺家在灵感涌现的时候文思才会通畅，才能写出优秀的作品。灵感的出现“来不可遏，去不可止”，而当灵感消失时，文思也就阻塞，若勉强操笔，也常常劳而无功。陆机准确、鲜明地描述了灵感袭来时的心理特征，但由于对灵感思维缺乏深入的探讨，因此他只能说：“吾未识夫开塞之所由。”自陆机提出“兴会”以后，在南北朝时就受到一些文艺家的重视。《颜氏家训·文章篇》说文章乃是“标举兴会，发引性灵”的具体表现。王

[1] （晋）陆机著，张少康集释：《文赋集释》，人民文学出版社 2002 年版，第 241 页。

士祯《渔洋诗话》引萧子显说："登高极目，临水送归；早雁初莺，花开花落。有来斯应，每不能已；须其自来，不以力构。"他们都认为创作必须有兴会萌芽，方可命笔，绝不可强作。

刘勰的《文心雕龙》更全面地论述了艺术灵感思维的特征。灵感的一个特征就是突如其来，《文心雕龙·神思》指出："枢机方通，则物无隐貌；关键将塞，则神有遁心。"郭绍虞先生认为这就是感兴。《文心雕龙·养气》又说："思有利钝，时有通塞。"这与陆机的"来不可遏，去不可止"意思相通。《文心雕龙·物色》说："然物有恒姿，而思无定检，或率而造极，或精思愈疏。"对于"思无定检""时有通塞"之状，骆鸿凯先生诠释道："寻心物之感，甚机至微，其时至速，故有卒然遇之，不劳而获者，亦有交臂失之。回顾已远者，此中张弛通滞之数，虽有上材，恒不能自喻其故。"灵感的另一个特征就是它的"迷狂性"，作者情感激动，如醉如痴。刘勰在《文心雕龙·神思》里描述了这种激情，他说："夫神思方运，万涂竞萌，规矩虚位，刻镂无形。登山则情满于山，观海则意溢于海，我才之多少，将与风云而并驱矣。"对灵感的来源，刘勰的认识基本上是理性主义的，他提出要"积学以储宝，研阅以穷照""蓄极积久，势不能遏"，一旦见景生情，则触兴致情，灵感就爆发了。

南北朝以后，对创作灵感的描述愈趋细致，在不同的文论家那里呈现不同的特色。

在唐代，释皎然论诗采用“取境说”，认为灵感来时方能得佳句。他在《诗式·取境》中说：“有时意静神王，佳句纵横，若不可遏，宛如神助。不然盖由先积精思，因神王而得乎?”书法家虞世南的《笔髓论·契妙》指出：“欲书之时，当收视反听，绝虑凝神，心正气和，则契于妙。”孙过庭在《书谱》中说的“偶然欲书”，也是此意。晚唐的司空图在《二十四诗品》中提出“韵味说”，标举“味外之旨”“不著一字，尽得风流”，并把神品推为极致。司空图的《与李生论诗书》认为：“盖绝句之作，本于诣极，此外千变万状，不知所以神而自神也，岂容易哉?”他的“神而自神”对南宋严羽的“妙悟说”有很大的影响。严羽《沧浪诗话》认为，“盛唐诸公，透彻之悟也”，而李杜更达到了“入神”之“极致”。严羽把禅宗的“悟”引入文论，认为“惟悟乃为当行，乃为本色”。

在宋代，苏轼在《文与可画筼筜谷偃竹记》一文中也描述了创作灵感“少纵则逝”的特征。他说：“故画竹必先得成竹于胸中，执笔熟视，乃见其所欲画者，急起从之，振笔直遂，以追其所见，如兔起鹘落，少纵则逝矣。”苏轼认为，灵感袭来具有突发性、短暂性，因此画家要善于捕捉灵感，不失时机地抓住已经浮现于胸中的审美意象。

到了明代，谢榛的诗论主张“以兴为主”，《四溟诗话》卷一认为：“诗有不立意造句，以兴为主，漫然成篇，此诗之入化也。”《四溟诗话》卷三又说：“诗有天机，待时而发，触物而成，虽幽寻苦索，不易得也。……所谓‘尽日觅不得，有时还自来’。”明代的著名思想家李贽的文艺思想强调“绝假纯真”，他提出了“童心说”。他的“童心”即“真心”，灵感即真心的吐露。他说：

夫童心者，真心也。若以童心为不可，是以真心为不可也。夫童心者，绝假纯真，最初一念之本心也。若失却童心，便失却真心；失却真心，便失却真人。人而非真，全不复有初矣。[1]

李贽认为，只有情真积久，感受深刻，不吐不快，才能产生灵感。他说：

且夫世之真能文者，比其初皆非有意于为文也。其胸中有如许无状可怪之事，其喉间有如许欲吐而不敢吐之物，其口头又时有许多欲语而莫可所以告语之处，蓄极积久，势不能遏。一旦见景生情，触目兴叹；夺他人之酒杯，浇

[1] （明）李贽：《焚书》卷三《童心说》。

自己之垒块；诉心中之不平，感数奇于千载。[1]

明代中叶袁宏道提出“性灵说”，也强调文艺创作中的灵感。他认为创作要“独抒性灵，不拘格套”，“非从自己胸臆流出”，不要下笔创作。

文学家、文学批评家金圣叹对灵感也有论述。他说：

> 文章最妙的是此一刻被灵眼觑见，便于此一刻放灵手捉住。盖于略前一刻，亦不见，略后一刻，便亦不见，恰恰不知何故，却于此一刻忽然觑见。若不捉住，便更寻不出。[2]

清人对艺术灵感的描述，应推王士祯倡导的“神韵说”及“兴会说”。“神韵说”的要义是指诗歌的美学力量应是真情的自然流露，人的感情是说不清楚的，因此神韵写情朦胧。王士祯提出了人类审美心理的模糊性问题。与其相关的便是“兴会说”。王士祯《渔洋诗话》说：“王士源序孟浩然诗云：‘每有制作，伫兴而就。’余生平服膺此言，故未尝为人强作，亦不耐为知韵诗也。”又说：“古人诗只

[1] （明）李贽：《焚书》卷三《童心说》。
[2] （清）金圣叹：《读第六才子书〈西厢记〉法》。

取兴会超妙，不似后人章句，但作记里鼓也。”王士祯《池北偶谈》说：“大抵古人诗画，只取兴会神到，若刻舟缘木求之，失其旨矣。”王士祯是很重视艺术创作中的灵感萌发的，他强调艺术创作要注意撷取一刹那所获得的感受，抒发作者的逸兴。他少时在扬州所写的《青山》等诗，“皆一时伫兴之言”。

王士祯描述了灵感思维的迷狂及突发性特征，并认为灵感来前，要经过长时间的追求。郑板桥根据自己的艺术实践，也深有体会地说：“精神专一，奋苦数十年，神将相之，鬼将告之，人将启之，物将发之。”[1]

王国维在《人间词话》中也有一段很著名的话来论述灵感。他说：

> 古今之成大事业、大学问者，必经过三种之境界：“昨夜西风凋碧树。独上高楼，望尽天涯路”，此第一境也。“衣带渐宽终不悔，为伊消得人憔悴”，此第二境也。“众里寻他千百度，蓦然回首，那人却在灯火阑珊处”，此第三境也。[2]

---

[1] 《郑板桥集》，上海古籍出版社 1979 年版，第 166 页。

[2] 王国维：《人间词话》，中华书局 2009 年版，第 16 页。

王国维认为，灵感的爆发要经过长期的追求、锻炼和艰苦探索，一旦融会贯通，便会豁然开朗，在学业上或艺术上有所突破。

综上所述，我们可以看出中国古代对灵感思维研究的一些特点。

第一，在中国古代的各种典籍中，有大量关于灵感现象的描述，我们可以从哲学、宗教、文学艺术等各个方面进行研究。但这些论述既散又多属于描述性的，缺乏理论的体系性。

第二，中国人的灵感观与西方的灵感观大体相同，但又有许多独特之处，这与中西的传统思维方式和文化传统密不可分。如西方的文化精神主要是宗教的、思辨的、科学的，表现在对灵感思维的论述上就是“神赐说”“天才说”“潜意识说”，他们主要从宗教的神的观念、人的自然天性和人的生物学及心理学的本性上来探讨灵感思维的秘密；而中国人则重伦理、艺术、感性直观，表现在对灵感思维的论述上就是禅宗的顿悟与以禅喻诗的结合，在艺术上重感兴、神思，对灵感理论本身的表述带有极大的感性直观，并和自己的人生哲学及理想追求结合起来。具体地说，和西方的灵感观比，中国人更注重主观能动性，不是坐等灵感的到来，而是苦苦去追求。老庄的虚静以生灵感及禅宗的顿悟，要求从自身体认出发，使人与神通，人与心通，人与自然产生感兴。中国古代哲学中的“天人合一”“天人感应”，正是这方面追求的表现。文论中的感兴、妙悟、性灵、神韵等表现的并不是唯灵性的、反理性的，中国人更多的是重经验的积累、知识的储备、苦苦的探求，重视的是对生活、人生的体认，对前人作品的研磨，对古人著述的泛览。经过长期的“餐经馈史”“积学储宝”“锥股自厉”“养气保神”，灵感才会像泉水一般涌出，“来不可遏，去不可止”。怪不得中国古代有那么多勤学苦练的故事，有那么多画论、诗论、词法、琴法等专门论述艺术技巧的书。他们无非是想通过勤学苦练，追求灵感在自己身上的降临。中国人特别注重灵感的激发契机，或者说触发的规律。《乐记》指出：“人心之动，物使之然也。”陆机的“开塞”也是“心物感应”的结果。《文心雕龙·明诗》也说：“人禀七情，应物斯感。”梅尧臣的《答韩三子华韩五持国韩六玉汝见赠述诗》说：“因事有所激，因物兴以通。”中国文论中的“比兴”“意境”“借物抒情”“托物言志”“情景交融”等理论，都是这一特点的具体表现。

第三，中国的灵感思维也经过了原始灵感思维向灵感思维的过渡的发展阶段。先秦时的巫术思维在中国历史上曾占有相当大的比重。随着宗教的兴起，此种思维方式在禅宗顿悟派中得到发展并完善，以后影响到诗坛。在另一条艺术创作的道路上，在形象的描述上使灵感思维广为流传。但由于中国古代没有现代意义上的心理学，因此缺乏科学的实证研究。这一点和整个中国文化的发展是同步的。

通过对中西灵感思维特征及历史发展的回顾，我们可以得出如下关于灵感思维的结论。

第一，灵感思维是人类普遍存在的一种思维形式。灵感的发展史表明，无论是在西方还是在中国，无论是在古代还是在现代，无论是从事科学研究还是艺术创造，灵感思维都是人类普遍存在的思维形式之一。对于这种思维形式，在古代的哲学、宗教、科学、文艺学、美学、心理学中都有一定的描绘与阐述。这反映了灵感思维形式存在的普遍性。灵感思维的内容暂且不谈，就形式方面而言，它是有规律可循的。全面阐述灵感思维的发生、发展及特征、作用，是本书的一个根本任务。

第二，灵感思维既然是不同于形象思维和逻辑思维的一种思维形式，那么它有哪些特征呢？在以上对灵感学说的历史追溯中，已向我们透露出其特点的一致性。被称为“美学之父”的鲍姆嘉通把灵感思维的特点归为三条：（1）灵感状态下产生的艺术作品具有非模仿性和不可重复性；（2）在灵感状态中，思想感情的表达是十分敏捷和有秩序的；（3）理智在灵感状态中，一方面承受鲜明的形象，另一方面又下降到感性世界，也就是陷入迷狂的热情。[1]H. 奥斯本在他的灵感专论中，也列举了被灵感袭击者共同感受到的三条经验事实：（1）艺术家在艺术创作中是某种来自他们自身之外的信息的领受者，他在某种外部力量的指导下进行创造，这就是灵感状态的突发性；（2）任何艺术作品中都包含独特的东西，这种东西不是靠现成的技巧创造出来的，这就是灵感状态下的独创性；（3）有价值的艺术作品，其艺术特征连艺术家本人也说不清，这就是灵感及其成果的难以言传之处，确实存在某种神奇性。[2]中国学者对灵感思维的研究不断深入，大家都认为灵感思维有突发性、偶然性、独创性、瞬时性、模糊性。

第三，灵感思维理论具有不成熟性。就像人类从诞生那一天起就有生殖能力，但人类对它的认识历史则很短；就像生物都有遗传功能，但我们对遗传机制的了解也是到了 19 世纪末才开始的；灵感思维虽然自古以来在人身上普遍存在，很多人给予了极大的重视，但我们现在还不能完全认识它的发生机制，古人阐述灵感思维的理论就更加不成熟了。这也不奇怪。马克思说，一切唯心主义者，不论是哲学上的还是宗教上的，不论是旧的还是新的，都相信灵感、启示、救世主、奇迹创造者，至于这种信仰是采取

[1] 参见［德］鲍姆嘉通《美学》，简明译，文化艺术出版社 1987 年版。
[2] 参见［英］H. 奥斯本《论灵感》，《国外社会科学》1979 年第 2 期。

粗野的还是宗教的形式，这取决于他们的受教育程度。

古人的灵感观与他们的宗教信仰、哲学观点是密不可分的。也可以说，不同的灵感是与不同世界观、不同的文化背景紧密相连的。比如，柏拉图的“神赐说”和康德的“天才说”，都应在这个前提下来理解。这样，我们就可以从众说纷纭的各种观点中理出一条线索。笔者认为，灵感理论可以分为理性的与非理性的。理性的灵感观企图从人的自控意识本质出发来阐述灵感的发生机制，这与理性主义的信仰密不可分。中国人的灵感观，大体上可以说是理性的感性直观式的。非理性的灵感观是从人的自由创造意识本质出发来说明灵感现象，这与对理性的怀疑及对非理性的崇拜有关。实际上这两者也许并没有天壤之别，因为灵感思维就是理性与非理性、意识与潜意识、先天与后天、知识与才能、偶然与必然、直觉与判断、越轨与循轨、传统与创新等相互作用及相互结合的产物。人类唯有从理性出发，才可以积累知识、传播文化、保留传统；人类唯有从非理性的自由意识出发，才可能不断发现、发明、创新、创造。灵感中的非理性的因素，必然要受到理性的监督。

有些人对灵感思维持否定态度，一些调查也表明有一部分人不知灵感为何物，但这并不能否定灵感思维的存在，而只能说明人类对自身的思维现象还没有充分的认识。凡是极有创造性的人，对自身的灵感现象都有自意识。牛顿、达尔文、爱因斯坦，这些改变了人类科学史方向的人，都曾对自身的灵感做过详细的描绘。鲁迅先生曾对歪曲灵感的人冷嘲热讽，他的创作生涯充满着灵感，如他的著名小说《狂人日记》就是在灵感思维中孕育的。1918 年 8 月，他在致许寿裳的信中说："《狂人日记》实为拙作。……偶阅《通鉴》乃悟中国人尚是食人民族，因此成篇，此种发现，关系亦甚大，而知者尚寥寥也。"如果联系到中国古代文化中的"顿悟""妙悟"等学说，就可以深刻理解鲁迅先生用"悟"字的内涵了。他的这一"悟"，既是他久久追求的结果，又是一个"发现"，遂开中国现代文学之先河。

第四章

灵感思维的发生与发展

近代人类智力的疾速发展给我们造成了重重难题，然而，也只有靠这种发展来解决这些难题。

——[美]卡尔·萨根《伊甸园的飞龙》

得火之后，须承之以艾，继之以油，然后火可不灭。故悟亦必继之以躬行力学。

——（清）陆桴亭

认识总是一种持续不断的建构。

——[瑞士]皮亚杰《发生认识论》

这一章我们将对科学灵感思维的发生及发展进行解说。不论什么样的思维形式都是思维，在本质上是一样的。那么，就让我们从思维的本质讲起，首先谈一谈思维形式的划分。

一、思维形式的划分

在探讨这个问题以前，我们遇到的问题是：什么是思维？过去在哲学史、认识论、心理学、脑科学等领域，都曾经对思维做过研究与概括，但由于都是从本领域角度出发去论述什么是思维，因此很难真正说明什么是思维，其中最大的问题在于仅仅把思维看作形式逻辑的，或限制于理性之下。实际上，思维往往要比这复杂得多。20 世纪 80 年代，中国曾掀起思维科学的研究热潮，但问题的复杂性使得思维科学还没有真正建立。在对思维的定义中，人们或把思维看成人存在的本质的东西，是人类进化史上最优秀的成果；或把思维看成人的高级神经活动；或把思维等同于人的意识、精神等心理现象。我们不能把这种种看法视为错误的，他们论述到的不过是思维的某一方面，具有局部的真理性。

那么什么是思维呢？我们知道人类在长期的进化中产生了自控意识，人的认识不局限于感觉、知觉等被感知过的东西的再现，也不局限于对过去感知过的东西的追忆上，人的认识可以通过迂回的、间接的途径去寻找，或根据意象、词语、概念等符号元素去推论。这种根据已获得的符号系统推出结论、寻找答案的过程就是思维。一般认为，这种抽象地、符号性地进行思维的能力，是人类认识发展的最后阶段。人的思维是可以受人指挥和主动控制的，在思维中，逻辑、证据、知识起着主要作用，这就是人的理性思维，在人类的思维中占有极大的比重。有时人的思维受许多意象及毫无逻辑的概念的指导，或有无意识的参与，这就产生了幻想或想象，这种思维在艺术领域和创造性思维活动中起着重要作用。有时在显意识领域经过长期的探索，思维的活动渗入潜意识，潜意识中思维的成果又突然涌入意识领域，就产生了灵感。思维的基本特征就是解决问题，或提出解决问题的方案，推出结果。

人类的思维是一个复杂的统一体，有许多因素在起作用。为了研究的需要，我们可以对各种不同的思维进行划分。根据不同的划分标准，思维的划分层次也不同。如果把思维的内涵扩大到无意识，那么情况就更加复杂化。但我们也不必悲观，有些人只是根据思维的某一特点或者思维的结果来划分思维，或把思维的方法也看作思维，这样就使“思维”一词的概念极不明确。我们根据习惯上的普遍划分方法，从思维的规律上看，可以把人的思维分成三种：抽象思维、形象思维和灵感思维。

1. 抽象思维

抽象思维是人发展到一定阶段的产物，是人成为理性动物的标志。它的特点就是排除感应的、偶然的、个别的因素，从现象中抽象出概念，通过推理、判断、归纳和演绎来进行思维。因此，抽象思维在一般意义上是指逻辑思维。这里的逻辑不是指客观思想因果关系意义上的逻辑，而是形式逻辑上的逻辑。从亚里士多德和墨子以来，形式逻辑受到深刻的研究与阐述，形成了一门科学，发展到今天已经有数理逻辑、模糊逻辑与辩证逻辑，对人类的思维发展起到了很大的促进作用。无疑，抽象思维是人类建立科学的思维基础，对人类的文明起到很大的作用。一些人认为思维只能是抽象的，不能超出逻辑以外，他们推崇人的理性精神并把它作为评判一切的基础。把抽象思维推崇到了极点，难免陷入错误。抽象思维在人类获得知识、积累知识上起到很大的作用，但对突破性的创造来讲，有时反而会起到阻碍作用，人类有时恰恰要通过非逻辑的思维才能发现真理。形式逻辑一般不对大前提做探讨论证是这种思维的致命弱点，所以继形式逻辑以后产生了辩证逻辑，以弥补前者的不足。抽象思维是人类的一种最重要的思维形式，但不是唯一的思维形式，如果把人类的一切思维都看作抽象的、逻辑的或理性的，那就是片面的，甚至是错误的。

2. 形象思维

形象思维多年来在哲学、美学、文艺理论界得到研究，但目前还未取得一致意见。把形象思维作为基本思维形式之一，是争论的各方所能接受的。如果说抽象思维主要借助于概念的话，那么形象思维主要借助具体的形象来思维。抽象思维是人类理性的标志，形象思维则是人类感性的标志，但形象思维又不仅仅是感性的，因为感性可以包含理性。因此，通过形象思维完全有可能认识到客观事物的本质，并且不失其形象的鲜活性和直观性。

从历史发生看，形象思维远比抽象思维来得早，也许在动物身上就开始萌芽了。如果说以语言为基本符号内容的思维是抽象思维，对于没有语言符号的动物的思维只能是形象的，当然这只能是一种低级的形象思维。在人尚未创造出语言之前的几十万或几百万年中，人类也只能像动物一样仅仅使用形象思维。现在的聋哑人和学龄前的幼儿也是使用形象进行思维。借此也许可以真正理解原始文化，如原始神话、传说、宗教的一些特征。儿童的思维在发展过程中，也要经过形象思维向抽象思维的过渡，如儿童喜欢看绘本，开始数数总要借助具体的事物，思维也离不开表象推演。在原始人那里，思维总与形象密不可分。因为原始人分不清因与果、多与少、单数与双数、本质和具体等，他们更多的是从形象和具体上来把握世界。

在恩斯特·卡西尔看来，逻辑分析在神话思维中并不存在。神话中的因果性表现为：每一雷同、近似、触联均形成因果序列，因为对原因可做充分任意的择取。神话所特有的并不是以普遍规律为前提的演变，而是奥维德所描述的变形：所谓变形，乃是为偶然的、个体的事态及自由意志的行为等提供的诠释。整体与局部之间不存在明确的界限，局部取代整体，又与整体等同。在神话中，时间诸片段之间及空间的局部之间，不存在所谓壁垒。神话中的“肇始”取代律则，并等同于实体。因此卡西尔指出，神话幻想具有一种特质，即宇宙的灵化与精神内蕴的物化相结合。[1]

人类祖先的形象思维能力在人的神经机制上得到遗传，

[1] 参见[苏]叶·莫·梅列金斯基《神话的诗学》，魏庆征译，商务印书馆1990年版，第48—49页。

人类发展了高度的抽象思维后仍不能抛弃这种能力与机制，而是把它发展到更高的水平。人类早期，形象思维在艺术领域得到全面发展，但如果把形象思维归为艺术家特有的一种思维形式则是错误的。在科学家的思维中，也常常伴随着形象思维，就是在人们的日常生活中也不能缺少形象思维。比如我们每个人都有对美的感觉，但这不是抽象的，美的欣赏总要与具体的形象结合在一起。鲍姆嘉通把美学定义为“研究感性认识的科学”[1]。他是从美离不开感性这一角度出发来看待整个美学的。他的这一学说在西方影响深远，如康德在论述美时便坚信美具有感性直观的特征，以后发展为克罗齐的“审美直觉”学说。

3. 灵感思维

和抽象思维与形象思维一样，灵感思维也是人类的思维方式之一。由于过去科学技术不发达，人类对自身的这种具有极大创造性的思维方式没有很好的认识，以致在很长一段时期给这个问题蒙上一层神秘莫测的色彩。直到今天，许多人还只是把灵感看作艺术构思之中的一个特殊的现象，这低估了灵感思维的意义和价值。实际上，无论在自然科学研究还是在社会科学研究中，无论是在艺术创作

[1] [德]鲍姆嘉通：《美学》，简明译，文化艺术出版社 1987 年版，第 18 页。

还是日常生活中，灵感作为思维的一种形式是普遍存在的。如自然科学的新发现、新发明，很多都与灵感思维密不可分；艺术中大凡有独创性的作品，也都在灵感思维中得到孕育。之所以没有建立起一门灵感思维的学说，原因是多方面的：一方面是神灵的影响在作祟，很长一段时期人们的精神还处在神话的阴影中，或者被哲学家虚构的理性大厦所挤压；另一方面，由于人对人自身的本质缺乏了解，人还不能认识自己的构造、精神及思想的过程，更不能认识人的潜在的创造机能。现在对人的内在深层心理的研究，使理性的烛光照亮了人的灵魂的幽秘之所。因此，灵感思维的研究是必要的。

现在的问题不是承认或不承认灵感思维的存在，而是怎样来说明灵感思维的规律。灵感思维最大的特征就在于它“恍惚而来，不思而至”“其来如风，其止如雨”，在瞬间获得极大的创造性。灵感思维是认识上的一次飞跃，是无意识领域创造性的升华，在看似非理性的形式中也可以进行理性的分析。它最能体现人类自由创造精神的本质。

二、灵感思维的本质

对灵感思维的本质，我们先从宏观的角度进行探讨，然后再从发生学的机制予以说明。我们可以从以下几个方面来理解。

1. 灵感思维是人脑的机能

柏拉图把灵感归为“神赐”是唯心主义的，黑格尔把绝对理念归为思维的本质也犯了同样的错误。他们的不同点在于前者是在史前宗教信仰的基础上建立自己思想体系的，后者则把主观抽象推论绝对化。我们认为，灵感思维像人的其他思维一样，是人脑的一种机能。

人是自然的产物，人脑是思维的器官，思维是人脑的机能，这一科学结论是经过几千年许多哲学家和科学家的不断探索才获得的。在古代，由于受到科学知识不足的限制，人们认为心脏是思维的器官。如我国古代的孟子就认为“心之官则思”。到了明代，李时珍才纠正了这一错误的认识，提出了“脑为元神之府”，即人脑是思维的器官。人脑在本质上也是一种物质，进化的结果使这种物质产生了意识和思维活动。人脑之所以可以进行思维，与这种特殊物质的组织状况、复杂结构密切相关。现代神经解剖学和神经生理学证明，人脑的结构非常精密，功能十分复杂，有些奥秘至今还不十分清楚，有待进一步探讨。但现代脑科学的研究，已经为揭示脑的秘密和思维的本质提供了大量的科学根据。

人脑是由神经细胞（又称神经元）构成的，大脑中约有1000亿个神经细胞，这些神经细胞可以储存各种不同的信息，在必要的时候又把信息显现出来，所以人才有记忆。亿万神经细胞又连成一个错综复杂的神经网络，神经网络的每条神经纤维的末梢分布到人的各个组织和器官内，其中一部分分布在眼、耳、鼻、舌等感觉器官，外界的刺激可以通过神经网络传给大脑，以便大脑对所获信息进行加工，形成对事物的认识。人的脑由大脑、间脑、中脑、脑桥、延脑和小脑等部分组成，不同部位有不同的分工。

人有大脑，动物也有大脑，但动物的思维和人的思维是有本质区别的。这主要表现在动物只有第一信号系统，即作为“信号”的东西只能是具体物体或现象；而人类还有更高级的第二信号系统，即人可以通过“信号的信号”，如语言等抽象符号进行思维。

人有了抽象的能力，又不囿于抽象的限制。人可以把第一信号系统的功能和第二信号系统的功能合起来，产生更加复杂的思维。人不但有与动物共有的形象思维，还有灵感思维，因此人才有无穷的创造力。灵感思维的本质首先表现在它不是什么神赐的，而是人的大脑的一种机能，是大脑进化史上开出的最绚烂的花朵。

2. 思维在本质上是社会的

我们讲思维是人脑的一种机能，这说明了意识思维的物质条件，但是光有大脑还不行，思维在本质上讲还是社会的。人并不是孤立的存在物，而是高度社会化的存在物，离开了人类社会环境，脱离了人的集体生活就不能形成人所固有的特点。人脑虽然是在自然界长期发展的产物，但它本身不会自动产生思维。思维是生命进化的果实，思维的材料来自客观世界，来自人们的社会实践。或者说，思维的符号系统是由社会实践提供给大脑的，离开了符号的感受、保存、加工、控制，人类就不会有思维。人的意识、思维、才能并非天生的，而是人类社会实践的产物。

人类的社会性是由劳动实践决定的，劳动决定了人的社会化，决定了人类社会的产生。劳动从一开始就不是单个人的行动，而是社会性的集体活动。人不只是作为生物的人而存在，还作为社会的人而存在。社会劳动实践促进了人脑的进化，给人脑提供了必要的信息材料，促进人类思维的发展。思维的每一项成果无不是人类社会实践促成的。随着人类社会实践的发展，人类的思维能力也在大大提高，原始人从学会打制石器到学会用火，从学会制造弓箭到学会烧制陶器，从狩猎到农耕，思维能力得到了大大提高。发展到现在，人类对宏观宇宙及微观粒子都有了一定的认识，这与人类的社会实践密不可分。

3．思维内容的客观性与思维形式的主观性

思维实际上是人脑对所接受信息（来自内部的或来自外部的）进行加工的过程。就信息来源讲，思维的内容是客观的。无论是人直接感触到的事物，还是通过抽象符号表现出来的事物都有客观性，这样才能保证思维与存在的统一性，也就是说思维与客观规律相符合，才能转化为改造世界的物质力量。在这个意义上，思维可以看作客观事物在人脑中的反映，是事物的本质属性和内在联系、内部规律在人头脑中的反映。这个反映是抛弃了个别的、非本质的抽象概括的反映。当然有时也会产生歪曲的反映，那就是错误的思维。这说明思维从形式上讲还具有主观的因素。

思维既然是人脑对所接受信息的加工过程，那么从主体上讲，每个人所接受的信息和保存的信息不一样，因此经过头脑加工过而输出的信息也不一样，这就是思维的主观性。思维的主观性取决于两个因素：一是先天素质，如脑的大小、结构，是否有生理缺陷，这对于人的才能、智力、智商都有一定的影响；二是与人的后天的训练有关，因为思维有社会性，后天社会实践不一样，如学习、知识、训练的程度不同，意识对思维的影响也不同。信息来源不同，直接影响到对信息的加工。影响人思维的信息来源有两个方面：一是社会实践的直接知识，通过意象、表象、经验、感觉等信息保存在人的记忆中；二是通过书本知识，语言的、抽象符号的客观知识保存在人的记忆中，有时还可以是人的情感、意志，甚至无意识的领域来促进思维的发展。过去一些人把思维仅仅归为一个微小的方面，思维的更广大的领域并不是形式逻辑所能解决的问题。比如形象思维，它和人的感觉、表象、意象、情感、想象、幻想都有密切的关系，而这一切很难归到逻辑的推导上去。灵感思维产生的顿悟、在梦中对难题的解决、闪现的耀眼的思想火花，又怎么能排除在思维之外呢？

思维的主观性的另一个表现是意识对思维有重要的作用。如果我们思想懒惰，不动脑筋，那么思维就出现停滞现象，绝不会产生灵感。如果用意识强迫我们去思维，思维就得到一个内部的压力，可以促进思维的进行。经过长期探索，灵感就会降临到你的面前。澳大利亚学者约翰·C. 艾克尔斯曾提出了“脑—意识相互作用”的理论来论证人意识的这种能动性。[1] 如果大脑只是接受各种信息，没有对信息加工的要求，那么思维也不会产生。

但在人的现实性上，思维的客观性必须与思维的主观性相统一，思维才会成为可能，才具有现实的意义。马克

[1] 参见［澳］约翰·C. 艾克尔斯《大脑—精神问题是科学的前沿》，《自然辩证法通讯》1979 年第 2 期。

思说：

社会的人的感觉不同于非社会的人的感觉。只是由于属人的本质的客观地展开的丰富性，主体的、属人的感性的丰富性，即感受音乐的耳朵、感受形式美的眼睛，简言之，那些能感受人的快乐和确证自己是属人的本质力量的感觉，才或者发展起来，或者产生出来。因为不仅是五官感觉，而且所谓的精神感觉、实践感觉（意志、爱等等）——总之，人的感觉、感觉的人类性——都只是由于相应的对象的存在，由于存在着人化了的自然界，才产生出来的。五官感觉的形成是以往全部世界史的产物。[1]

在马克思看来："只有音乐才能激起人的音乐感；对于不辨音律的耳朵说来，最美的音乐也毫无意义，音乐对他说来不是对象，因为我的对象只能是我的本质力量之一的确证。"[2] 这就给我们一个重要的启示：客观的内容只有进入主体的视野之中，被编入自己意识贮存库中，并被随时提出来运用到具体的思维中去，对现实思维着的人才是有意

[1] [德]马克思：《1844年经济学—哲学手稿》，刘丕坤译，人民出版社1979年版，第79页。

[2] [德]马克思：《1844年经济学—哲学手稿》，刘丕坤译，人民出版社1979年版，第79页。

义的。不然就不能引起主体的思维活动，即使客体的东西存在着，对没有接受它的主体来讲，也是没有意义的。主体的思维能力还有待进入主体的客观信息的刺激，从而不断地被培植出来。

三、灵感思维的发生

对灵感思维做发生学的研究，有助于揭示灵感思维的规律，说明灵感思维的本质。发生学的研究又可分为广义的和狭义的。广义上可以从思维的本质上来探讨灵感思维的发生；也可以从人类的种属上，从人脑与动物的脑的不同上来探讨；还可以从人的社会性思维上来探讨，因为人的思维是离不开实践的，这就是社会意义上的发生。狭义上讲是个体在某一时刻为什么产生灵感思维？意识在什么样的情况下产生了灵感思维？这样我们才能从宏观上和微观上说明灵感思维的发生。

人类对思维的规律知道得还不多，尚处在探索之中，从它的发生角度来阐述就显得更加困难了。我们只能根据科学发展提供的知识来提出假设性的说明。关于灵感思维的发生，我们可以用下列图式表示：

灵感思维的发生
- 广义
  - 1．种属上的发生——脑的进化
  - 2．社会上的发生——知识的积累
- 狭义
  - 3．个体上的发生——创造力的具备
  - 4．心理上的发生——潜意识的升华

1. 种属上的发生

现在人们都承认人脑是思维的物质基础，又是进化的产物。那么在进化的哪一个阶段产生了灵感思维呢？动物存在灵感思维吗？虽然我们不能重建动物思维与人类思维的发展历史，但从人脑的进化中也可得到思维发展的一鳞半爪。另外，思维总要通过物化创造给社会带来文化。通过对历史文化的分析，我们便可以重建灵感思维的发生过程。

脑是自然界长期进化的产物。进化是按照神经活动日益集中及神经系统的主导结构在其前端逐渐集中的基本规律进行的。低等动物的脑仅是感官信息接收器和中枢调整机构，它仅有对外界事物被动的、不自觉的感觉能力。脊椎动物的脑有了一个非常重要的发展，即产生了前脑膨大的后起部分（端脑）。这时的脑有了记忆的功能，能把各种感觉的冲动用繁复的联系和辨别记录下来，并在各项神经反应上表现出来。哺乳动物的脑的新皮质上压盖一切。高等的灵长类动物，已建立起越来越复杂的条件反射，具有综合性的知觉、表象等心理，但它的感觉和反应活动仍然是被动地受客观环境的支配，没有主体的自由的创造性。人脑的产生是一个漫长的历史过程，它涉及劳动、语言、食物构成、社会化、文化积累等多种因素。人脑和动物的脑在结构上发生了质的变化，人们推测，进化最晚的前额叶可能是脑最主要的部分，是人类自觉能动性的生理基础。

人类学的研究表明，现代类人猿的脑容量只有325—650毫升，50万年以前的印度爪哇猿人的平均脑容量大约是900毫升，法国圣沙拜尔村古人的脑容量已经超过1350毫升。到古人阶段以后，人的大脑不再增大，而继续朝着结构的复杂方面发展。复杂的结构，使大脑储存的信息量增加。大脑复杂到一定的程度，人就能进行抽象的符号思维，创造出人类的文化来。卡尔·萨根在他的《伊甸园的飞龙——人类智力进化推测》一书中，曾介绍了麦克莱恩的关于“三位一体的脑结构和进化”的学说。他们认为，人脑就是三台有内在联系的生物电子计算机，每台计算机都有自己的特殊功能，它们都能适应单独较大范围内的进化。大脑的三个组成部分在神经结构及神经递质的化学含量上完全不一样。人脑中最古老的部分都围绕着中脑，中脑是人类同哺乳类和爬虫类共有的，它很可能是从几亿年前进化来的。麦克莱恩把它称为爬虫复合体

（R-Complex）。围绕爬虫复合体的是边缘系统，边缘系统也是人类同哺乳类爬虫类共有的，但哺乳类、爬虫类没有那么完善和精细。最后覆盖在脑的其余部分上的显然是最新进化的堆积物——新皮质。新皮质进化最出色的是人类。

有学者推论说，人脑的爬虫复合体在某种意义上还执行着恐龙的功能，人脑的边缘皮质还存在美洲狮和树懒的思想活动，新皮质使人产生了几乎是人类才有的理性。爬虫复合体产生攻击行为，边缘系统产生激情和情感，而人类的诸如对符号信息的接受能力、长短时记忆、人的回忆机制均在新皮质的不同区域内。卡尔·萨根还设想用三位一体的脑结构来描述人的三种心理状态，并认为它和弗洛伊德的意识、潜意识与无意识可以产生隐喻联系。

如果这些假设是正确的话，那么人类灵感思维发生的基础就产生在新皮质层，当然也包括边缘系统与爬虫复合体的统一工作。也就是说，灵感思维与人类的抽象思维和形象思维是紧密联系在一起的。灵感思维是意识与无意识领域相互作用而产生的，这也就有了脑进化理论的解释。

现在回到刚才提到的动物有没有灵感思维的问题上来。动物因为没有新皮质，或新皮质不发达，所以只有形象思维，而没有第二信号系统的能力，当然也就没有创造性和创造的能力，所以也就不会产生灵感思维。有时动物也能表现出有解决问题的能力，但动物永远没有科学的灵感与艺术的灵感，或者说动物永远没有人类的文化创造活动。

从人类自己对历史的创造上，从人类文明史的发展上，我们也看到与脑进化相对应的文化现象。原始人的大脑还不发达，思维能力差，创造力也不强，所以几百万年的原始社会只有少数的几项发明，如火、石器、陶器等。随着现代科学的日新月异，人脑的结构也进化到更加精密的阶段，新的发明创造不断涌现。

2. 社会上的发生

思维本质上是社会的，离开了人类的社会实践，任何灵感思维都是不可能发生的。人不像一些动物，一生下来就可以跑、可以跳，甚至有独立生活的能力。人是一种高智力的生物，人的高度发达的智力不能只靠先天遗传而得到，于是人类在进化上产生了出生后几年、十几年，甚至几十年的教育行为。人在生下来时是极其弱小的，无人照料是不行的，人类高度发达的智力要求人在出生后仍然需要体外发育。所以，一个儿童不能是一个完整意义上的人，他要经过各方面的学习、训练，然后才能成熟。古代有冠笄之礼。原始人只有经过部落或氏族的成年礼，才能被视为部落的真正成员，才有权参与部落的大事。人类是所有生物中所需学习时间最长的生物，为此人类的教育得到了高度发展。

人一生下来就处于社会之中，他要学习人类留传下来的经验、知识。人一开始总是要接受知识，到了一定的年龄，有了一定的知识基础，才可能去创造，才可能获得灵感。人类的意识发展史表明，人类早期几乎没有个体意识，有的都是集体意识，或者说人的意识都要受“集体表象”的制约；到了后来，人类思维能力提高了，才逐渐出现了个体意识。灵感思维的发生离不开社会提供的知识背景和精神财富。

3. 个体上的发生

思维虽然具有集体性，要受到社会性的制约，但思维的发生是个体头脑中发生的事情，灵感思维总是首先在某一个人身上闪现耀眼的光芒，然后向社会传播，照亮人类的某一创造领域。对个体来说，在人生的哪一个阶段，在什么条件下才可能产生灵感思维呢？这是灵感发生学要研究的问题。我们不能仅仅满足于灵感产生的一瞬间进行研究，过去的灵感理论都把灵感作为一个完成了的高级思维形式来解说，缺乏对其进行发生学的研究。

瑞士著名心理学家、哲学家皮亚杰创造的“发生认识论”，对我们说明个体灵感的发生有巨大的启发作用。个体的生命从受精卵开始，在母体发育中重演整个人类进化的历史。19 世纪德国解剖学家恩斯特 · 海克尔就证明胎儿在子宫内发育时，在尚未呈现人形之前，经历了同鱼、爬虫动物和非灵长目哺乳动物非常相似的阶段。婴儿出生后，在向成年人过渡的过程中，也会重演原始人到现代人类的进化史。儿童的思维与原始人的思维有很大的相同之处。我们拿儿童的绘画和原始人在荒山或洞穴中留下的绘画做一下比较就会认识到这一点。儿童喜欢的童话和原始人深信不疑的神话也极为相似，马克思就把创造优美神话的希腊人称为人类的“正常儿童”。

皮亚杰以“运演”作为儿童思维发展的标志，把儿童的思维发展划分为四个年龄阶段。

（1）感知运动阶段（1—2岁）。这时的儿童能运用某种最初的格局来对待外部客体，能开始协调感知和动作间的活动，但其感知运动的智力还没有运演性质，因为儿童的活动还没有内化。

（2）前运演阶段（2—6、7岁）。这时儿童开始以符号作为中介来描述外部世界。儿童认识的发展仍有对感知运动经验的依赖性，但大部分是依赖表象的心理活动。当他在实际活动中遇到挫折需要加以校正时，他是靠直觉的调整而不是靠运演。

（3）具体运演阶段（6、7—11、12岁）。在这个阶段，儿童能进行具体运演，也就是能在同具体事物相联系的情况下进行逻辑运演。这时儿童的思维已具有了可逆性和守恒，而守恒是这个阶段的一个主要标志。

（4）形式运演阶段（11、12—14、15岁）。在这个阶段，思维能力已超出事物的具体内容或感知的事物。思维的特点是："有能力处理假设而不只是单纯地处理客观"，"认识超越于现实本身"而无须以具体事物作为中介；在结构上则是合并成命题联合，它标志着一个新的运演系统，即所谓"命题运演"。[1]

皮亚杰的研究表明，儿童在4—7岁时就有直觉思维活动，这种思维"还不能脱离一定的想象、形象"，但已经为以后的灵感思维奠定了基础。但真正的灵感思维不能在儿童阶段产生，它要产生在第四阶段以后的思维中（逻辑思维的高级阶段）。在逻辑思维阶段，人的思维还可以重复以前各阶段的思维运演形式，但已不是机械地重演，而是在高一级上重新组合。

法国心理学家比纳和西蒙的研究也表明，13—16岁是智力成熟的时期。在创造学的研究中，也表明一些富有创造禀赋和才能的人，在这个年龄阶段已能取得可观的成就。如德国作曲家贝多芬在13岁就创作了三部奏鸣曲，法国的帕斯卡和孔德在13岁成了哲学家。许多年轻人在这个阶段

[1] 参见［瑞士］皮亚杰《发生认识论原理》，王宪钿等译，商务印书馆1985年版，第5页。

都有作诗的冲动。皮亚杰认为，每个人都要经过这样一个发展阶段，但在年龄上差别可以很大。如有些“神童”成熟得比较早，意大利诗人但丁在9岁就会作诗。这些在早期就显现创造才能的人，大多数在年幼时都经过严格的家庭或社会教育。在科学领域，由于知识积累要多得多，因此创造性人才的出现，在年龄上要比艺术领域晚。

皮亚杰对认识的发生做了结构主义的解释。他认为，不应只把人的思维看作客观物质的反映，也不应只看作主观的反应。人的认识是客体与主体之间相互作用、不断建构的产物。他认为，一个刺激要引起某一特定反应，主体及其机体就必须有反应刺激的能力。灵感思维的发生，往往是在主体具备了创造能力的心理前提下，由外物的触发而引起。这时，在人的心中产生了主客体的契合，旧的结构模式破坏了，主体通过自我控制系统的调节同化了客体的刺激，产生了新的平衡结构，在功能上就是创造力的释放或称之为获得了灵感。

这样，我们就容易解释知识积累、社会实践对灵感思维的作用了，因为灵感思维的建构能力是在不断的刺激、同化中形成的。一片幽静的田野对一个农民来说可能无动于衷，但它可以刺激诗人的创作灵感，写出优美的抒情诗。因为农民与诗人的主观心理不同，在受同一物刺激时，反应不同，在心理上所建构的认识也不一样。

4. 心理上的发生

传统上对灵感思维的研究，基本上走的是一条心理学的道路。即使在其他的研究中，也都企图在心理发生上来阐述灵感思维的秘密。钱学森指出，对灵感思维的研究主要是心理学的方法，另一条是脑科学的方法，要从分子结构层次上来揭示灵感的机制。但走后一条道路现在是不可能的，科学还没发展到这一步。即使有一天科学的发展使人们可以从分子结构上来认识思维现象，它也不能完全代替心理学的方法。对灵感思维本质的揭示，要从心理发生学上进行。由于受心理学发展水平限制，目前要全面说明灵感思维在心理上发生的原因，仍然是一个难题。

心理现象极其复杂，所有的心理现象都可以对人的思维起到作用，因为思维总是人的心理综合作用的结果。灵感思维的发生也是如此。心理学界一般把人的心理分为知、情、意三部分。这三部分对灵感思维都起着一定的作用。知识的积累是灵感思维产生的必要前提，一个科学家缺乏对自己所研究领域的必要知识，他是绝对不会产生灵感的。情感对灵感也很重要，柏拉图把灵感描绘成一种“迷狂”的精神状态。几乎所有的艺术灵感都证明，灵感爆发时总伴随着激越的情感表现。大家比较熟悉的例子如郭沫若创作《地球，我的母亲》和《凤凰涅槃》两首诗的情景。当时灵感袭来，情感激荡，诗人像患疟疾一样，手颤抖得写不下去。在一些浪漫主义的艺术家中，这种现象比较普遍。歌德也曾说过，每当诗兴勃发，他便跑到桌旁，随便抓起一片纸，火速地在上面写，片刻后一首妙诗便应运而生。意志对灵感思维也起着重要的作用。产生灵感的人都对自己所从事的事业有坚强的毅力，再加上苦苦追求的经历，在大脑中可以形成一个“优势灶”，在一定的时候，它便把潜在思维的成果送到意识中来，就形成了灵感。

以上是在一般的意义上来讲灵感思维在心理上的发生，但要真正揭示它，还要在更深一层的基础上进行，即要从人大脑的潜在功能的工作原理上来加以说明，才是真正揭示灵感之谜的必由之路。20世纪关于灵感的比较有影响的理论，几乎都是在弗洛伊德的精神分析学的领域进行，或者借用精神分析学对人心理划分的三个层次的交互作用理论模式来阐述。

现在看来，弗洛伊德把科学及艺术创造的本质、灵感之源仅仅归为“力必多”的升华是片面的。他仅从人的动机上来考虑问题。在荣格的理论中，类似“力必多”的概念是“集体无意识”；在阿德勒的学说中，又拿“自卑情结”作为创造的动力；马斯洛的心理学中类似的概念是“自我实现”。从中我们看出，弗洛伊德的继承者们在论述创造的本质和灵感的源泉上，都是仅仅从动机上来考虑问题。动机当然对人的创造性有极大的推动作用，但仅归于此，毕竟是片面的。弗洛伊德只关心创造过程的动机，对创造过程本身则很少论及。在荣格的理论中，我们只看到各种神话原型在现代人意识中的复活，丝毫看不到创新的东西。创造的本质不恰恰在于创新吗？灵感的结果不恰恰在于突破旧的模式或旧的窠臼而创造出全新的东西吗？但精神分析学派所开创的从人的潜意识领域来说明灵感的本质，开辟了研究的新途径，为真正科学揭示灵感思维的秘密指明了方向。

解决灵感思维发生最主要的问题是要了解潜意识的认识过程，以及了解显意识和潜意识之间的关系。一些探索正是沿着精神分析学开辟的道路又向前迈进了一步：H. 奥斯本提出要从修改了的潜意识理论来阐述灵感的心理发生；美国的 S. 阿瑞提则做了一定的尝试，他对创作过程提出了“原发过程”“继发过程”“第三级过程”三个概念，并认为灵感要从这三个过程的交互作用中来说明。

中国类似的理论也比较盛行。钱学森曾提出一种想法，认为灵感是形象思维扩大到潜意识。他说：“假设一个很难的问题，在这些潜意识里加工来加工去，得到结果了，这时可能与我们的显意识沟通了，一下得到了答案。整个的加工过程，我们可能不知道。这就是所谓的灵感。从前我也讲过，灵感不是什么神灵的感受，而是人类的感受，所以并不是很神秘的事。不过在人的中枢神经系统里是有层次的，而灵感可能是多个自我，是脑子里的不同部分在起作用，忽然接通，问题就解决了。”[1] 刘奎林认为，灵感是显意识与潜意识通融交互的结晶。潜意识与意识一样都可以进行推论，所不同的是潜意识推论是一种未被意识的特殊推论，它不是以“概念”“形象”进行逻辑推理，而是以“知觉信息”进行非逻辑程序的推论。[2] 陶伯华、朱亚燕在他们所著的中国第一本关于灵感的专著《灵感学引论》中也认为，人类创造活动中的非自觉的潜意识活动既不是非理性的动物性，也不是非理性的神性，而是一种特殊形式的理性。他们更多地是从人脑的生理结构来进行论证。[3]

灵感思维是显意识和潜意识交互作用的结果，是潜意识的认识成果突然涌入显意识的一种心理现象。

四、灵感思维的发展

潜意识的认识成果突然涌入显意识，产生了极大的创造力，对过去苦苦追求的东西有了比较清晰的认识，就产

[1] 钱学森：《开展思维科学的研究》，《新华文摘》1985 年第 9 期。

[2] 参见刘奎林《灵感发生论新探》，载《关于思维科学》，上海人民出版社 1986 年版，第 352 页。

[3] 参见陶伯华、朱亚燕《灵感学引论》，辽宁人民出版社 1987 年版。

生了灵感。灵感来袭时，人在内心深处可以内省到它的巨大意义。灵感是在人心中一瞬间产生的，要使灵感思维得到发展，被别人接受，被社会承认，首先就要使思维成果物化，并用符号把它记录下来。

1. 思维的物化

一些艺术家对思维的物化深有体会。苏轼的《腊日游孤山访惠勤惠思二僧》诗句“作诗火急追亡逋，清景一失后难摹”就描述了这种体会。因此，他总是“到处无不以笔砚自随”。明末清初著名文学批评家金圣叹论《西厢记》时曾说过这样一段话：“今《西厢记》若干文字，皆是作者于不知何一刻中，灵眼忽然觑见，便疾捉住，因而直传到如今。细思万千年以来，知他有何限妙文，已被觑见，却不曾捉得住，遂总付之泥牛入海，永无消息。”

为了不使自己的灵感妙思如“泥牛入海”，骤然消失，艺术家总是想尽各种办法去捕捉创作灵感。马雅可夫斯基在《我怎样作诗》一文中讲到，有一次为了描绘一个孤独的男子对他的爱人如何钟情，他苦苦思索了两天，还是找不到恰当的诗句。第三天夜晚，他继续琢磨了许久，弄得头昏脑涨仍无收获，只好上床睡觉了。睡到半夜，迷迷糊糊之中他的脑子里突然闪过下面的诗句：

我将保护和疼爱
你的身体，
就像一个在战争中残废了的，
对任何人都不需要了的兵士爱护着
他唯一的腿。

他于是赶紧跳下床，在黑暗中摸到一根烧焦了的火柴棒在香烟盒上匆匆写下“唯一的腿”几个字，然后又睡着了。第二天早上醒来，他看到香烟盒上的字，觉得很奇怪，足足两个小时才想起夜里发生的事。

有时灵感产生了，还没来得及物化，便由于受到打搅而消失了。宋朝葛立方《韵语阳秋》记载的“催租败兴”的例子就是极好的说明。书中载谢无逸问潘大临云：“近日曾作诗否？”潘云：“秋来日日是诗思，昨日提笔得‘满城风雨近重阳’之句，忽催租人至，令人意败，辄以此，一句奉寄。”不但在艺术灵感中如此，科学中灵感思维的发生也是如此。贝弗里奇在他的名作《科学研究的艺术》一书中，记录了坎农说过的一个例子。格拉茨大学药物学教授洛伊一天夜里醒来，有了一个极好的设想。他拿过纸笔简单记了下来。第二天早晨醒来，他知道昨夜灵感来袭，但使他惊愕万分的是，他怎么也看不懂自己的笔记。他在实验室里整整坐了一天，面对着熟悉的仪器，却怎么也想不起那个设想。到晚上睡觉的时候，他还是一无所得。到了夜里，他又一次醒了过来，又得到了同样的顿悟，他高兴极了。这回，他仔细地记录下来，才回去睡觉。次日，他走进实验室，以生物学历史上少有的利落、简单、肯定的实验证明了神经搏动的化学媒介作用。

一些科学家和文学家往往随身携带笔记本，随时记录思想的闪光点。如《达·芬奇笔记》是在艺术中妙用笔记的范例,《契诃夫手记》也记录了作者一些小说的灵感来源。

2. 思想的整理

灵感思维有时还没有达到十分清晰的程度，只是被模糊地感知。灵感思维虽然在一瞬间产生，但它如电石火花，能量巨大。对此，我们要做出清醒的认识，使灵感思维的成果进一步明晰下来。为了使模糊的认识变得清晰起来，为了在理性的王国里检验灵感思维是否正确，就要对灵感涌现的新思想进行整理。

梅契尼科夫在讲述细胞吞噬作用设想的起源时说："一天，全家都去马戏团看几个大猩猩的特技表演。我独自留在家里，在显微镜下观察一只透明星鱼幼虫中游走的细胞。忽然，一个新念头闪过脑际。我突然想到：这一类细胞具有保护有机体不受侵袭的作用。我感到这一点意义十分重大，非常兴奋，在房中踱来踱去，甚至走到海边去归整思想。”

他之所以要去海边“归整思想”，是因为他还要用理性的头脑对灵感的成果加以辨别，使思想的细节都变得清晰起来。

3. 实践的加工

诗人创作一首短诗，画家即兴创作一幅小品，可以在灵感产生后的短暂时间内完成。一篇长诗，或更复杂的长篇小说，或科学研究中重大的突破性创造，要在片刻内物化是不可能的。因此，对于稍微复杂的灵感创造，还要进行实践的加工。

1890 年春，在罗马郊外的一座小山上，罗曼·罗兰萌发了写作《约翰·克利斯朵夫》的念头，但他用了 20 年才把它完成。作者在写“回忆录”时，对那一次创作冲动叙述得极为详细：

> 1890 年 3 月，在霞尼古勒山上。我沉浸在遐想中。夕阳照耀，罗马城上红光闪闪。围绕着城市的田野如同一片汪洋。天上的眼睛吸引我的灵魂。我立足不定，失去了时间概念。忽然间，我将闭着的眼睛微微张开。在远处，我望见祖国，看到我的那些成见和我自己。我第一次意识到我的生命，自由的、赤裸裸的生命。这是一道闪光。……

> 就在这儿，《约翰·克利斯朵夫》开始被孕育。当然，他那时还没有成形。可是他的生命的核心，已经下了种。什么样的核心？纯洁的眼光，超乎各国“混战之上”，超乎时间的自由眼光。独立的创造者，他用贝多芬的眼睛，观察和批判当时的欧洲。在霞尼古勒山上的一瞬间，我就是那样一个创造者。后来，我用了20年工夫，把这一切表达出来。[1]

列夫·托尔斯泰的创作生涯也充满这样的现象。比如，他由于看到一株满身伤痕而仍然挺立的牛蒡花而激发了创作小说《哈泽·穆拉特》的念头，主人公是一位不屈不挠、充满罕见生命力的英雄人物。但作者三番五次修改手稿，断断续续用了8年时间才完成它，甚至作者临死前，还在不断修改。列夫·托尔斯泰创作《安娜·卡列尼娜》《复活》，司汤达创作《红与黑》都经历了这样的过程。

科学中的灵感思维也经过同样的过程。爱因斯坦在回忆他1905年6月写作“狭义相对论”论文的情景时，对他的好友贝索说：在这以前，他已经进行了好几年的思考和研究，然而那个决定一切的观念是突然在脑子里闪现的。一天晚上，他躺在床上，心里对于那个折磨着他的谜充满

[1] 转引自龙协涛编著《艺苑趣谈录》，北京大学出版社1984年版，第157页。

了毫无希望解答的感觉。他的眼前似乎没有一线光明。但是，黑暗里突然透出了一线光亮，答案出现了。他马上起来执笔工作。五个星期后，他的论文写成了。

有时，灵感可以直接进入实践创造。鲁班一次上山伐木，不小心被带刺的草划破了手，他突然悟到如果用铁片做成带齿的工具，便可以解木头。下山以后他便找铁匠做了一把中国最早的锯。

第五章

灵感思维的结构与类型

把结构观念的积极特征作为中心，我们就至少能够从所有的结构主义里找到两个共同的方面：一方面，是一个要求具有内在固有的可理解性的理想或种种希望，这种理想或希望是建立在这样的公设上的：即一个结构是本身自足的，理解一个结构不需要求助于同它本性无关的任何因素；另一方面，是已经取得的一些成就，它达到这样的程度：人们已经能够在事实上得到某些结构，而且这些结构的使用表明结构是具有普遍的、并且显然是有必然性的某几种特性，尽管它们是有多样性的。

总而言之，一个结构包括了三个特性：整体性、转换性和自身调整性。

——［瑞士］皮亚杰《结构主义》

结构主义不是一个广泛的哲学派别，而是由结构主义方法论联系起来的一种广泛的思潮。一般认为，结构主义思想先驱是瑞士语言学家索绪尔，他在语言学的著作中阐述了人类语言的结构。但也有人把结构主义上溯到 1725 年意大利哲学家维柯出版的名著《新科学》中。[1] 尽管如此，一般公认的结构主义的经典定义还是皮亚杰在《结构主义》一书中做出的。皮亚杰提出的结构主义的三个特征——整体性、转换性和自身调整性 [2] 已得到普遍认同。结构主义的研究方法主要是从杂乱的、没有秩序的社会现象中进行系统的、整体的结构研究，只有这样才能把握世界的本质。结构主义要求从表面结构和深层结构的内部融合性上来认识事物的规律。结构主义方法的一些方面与辩证逻辑有相同之处，这给我们的研究以极大的启发。

思维是一个系统的信息加工过程。从宏观上看，人本身的一切活动和所有的心理机能都对人的思维产生影响，

[1] 参见 [英] 特伦斯 · 霍克斯《结构主义和符号学》，瞿铁鹏译，上海译文出版社 1987 年版。

[2] 参见 [瑞士] 皮亚杰《结构主义》，倪连生、王琳译，商务印书馆 1984 年版，第 2 页。

因此我们必须首先从灵感思维的发生过程入手，建立起系统的结构模式假说，然后分析灵感的本质和特征。另外，灵感思维的本质在于显意识与潜意识交互作用的结构，对潜意识的工作原理做微观结构的分析，有利于从更深层结构上揭示灵感的秘密。本章将从宏观结构模式和微观结构模式上来讨论灵感思维，然后从结构的类型及功能上进行论述。

一、灵感思维的结构

无论是科学的灵感还是艺术的灵感，都是一种具有极大创造力的创造性思维活动。创造性思维的研究在过去的几十年中得到了很大的发展。许多人在探讨创造性思维中，都对灵感思维做过论述。科学的创造与艺术的创造都离不开灵感思维，创造与灵感之间存在着密切的关系。当然，科学的灵感与艺术的灵感相比会有一些不同，但作为思维形式，它们在本质上是同一的。我们建立的灵感思维的结构模式，要适应和兼顾这两者的基本特点。

灵感思维创造的是前所未有的东西，解决的是前人没有解决过的新问题，它具有突发性、新颖性、亢奋性等多种特征。如果仅仅从突发的那一瞬间来研究，不顾及突发产生的全过程，那么灵感思维就是神秘的东西，我们便不可能去认识它。过去一些人之所以认为灵感玄秘得很，根源也在于此。灵感思维的研究首先要从宏观结构上来进行，把它先放到人的本质上，从认识的发生原理的哲学高度上进行研究，然后从人脑对信息的系统加工全过程加以说明。灵感思维产生的方式是结构主义的，它有一个整体的过程，列维-斯特劳斯指出："结构没有别的内容：它本身就是内容，可以理解为是实在物的属性的逻辑组织中的内容。"[1] 从宏观结构上看，它呈现不同的阶段。具有不同的创造性的灵感思维各有不同的色彩，表现出不同的阶段性特征，可以因人而异或因事而异，但我们可以从中总结出某些共同的阶段特征。

在克雷奇等人编写的、在美国作为高等学校教科书的《心理学纲要》中，谈到了一种较为流行的"四阶段"的观点："创造性思维的出现，一般分四个阶段：准备、孕育、明朗和验证。虽然这个模式仅仅提供一个关于解决问题过程的粗略描绘，而且往往颠倒了事件的实际次序，但对于进一步的分析，它却证明了是一个有用的参照体系。"[2]

---

[1] [法]列维-斯特劳斯：《结构人类学》，陆晓禾、黄锡光等译，文化艺术出版社 1989 年版。

[2] [美]克雷奇、克拉奇菲尔德、利维森等：《心理学纲要》（上册），周先庚等译，文化教育出版社 1980 年版，第 224 页。

在准备阶段，思维者认识到了问题的特点，并试图用一些术语来表达。他开始进行观念的游戏，由刺激模式引起多方面的联想。这种联想按照问题的需要所需要，又带有相当自由的性质。这个阶段往往很快在没有明显突变的情况下就跳到其他阶段。

孕育阶段出现在准备与最后阶段之间。它有很大的差异性，尤其在时间上差别很大，有的人需要几分钟、几小时、几天，有的人则需几个月，甚至几年。它是这样一个阶段：某一问题被搁置下来，但后来对该问题重新注意，并迅速地解决了问题，或至少在以前进展的基础上猛进了一步。有创造能力的思想家的证言中充满着关于孕育阶段的说明，在记述灵感的文字中也有许多关于这一阶段和明朗阶段的描述。当然在一些人身上，许多事情有可能发生，而他自身没有任何有意识的经验。

明朗阶段是指经过孕育阶段之后，由于创造者对问题经过周密的甚至长时间的思考，达到了一种豁然贯通的顿悟，得出一个解决办法，并坚信问题已经解决。这个阶段往往产生突然的飞跃，不经过逻辑的推理，从一种想法直接过渡到另一种想法。当然，明朗或顿悟的经验也可能是错误的，这就需要进入下一阶段进行验证。

验证阶段是创造性思维最后的阶段，提出的解决方法必须详细而具体地叙述出来并加以运用和验证。如果验证是好的，问题便解决了；如果提出的方法失败了，则这一过程必须全部或部分重做。

美国心理学家帕特里克也将创造性思维分成四个阶段：准备阶段、酝酿阶段、领悟阶段、证实和修正阶段。帕特里克认为，在创造性思维的准备阶段，研究者的目的在于获得更多的有关研究问题的信息。在这个时期研究者思维活跃，能迅速从一种思路转换到另一种思路，思维活动可以是有意识的，也可以是没有目的的。研究者经历着怀疑和困惑，需要有坚强的意志和毅力来支持这一阶段的工作。酝酿阶段的主要特征是某些主要思想的反复出现，这些思想最后往往被采纳，成为解决问题的方案。这个阶段在时间上可长可短，因人而异。到了领悟阶段，酝酿阶段所形成的思想，取得了明确的形式洞察力，在这个阶段起着重要的作用。证实和修正阶段就是对领悟的思想进行验证和修正。这四个阶段可以交叉、重叠，如酝酿可以出现在准备阶段，修正也可能从领悟阶段就开始了。[1]

英国心理学家瓦拉斯认为，无论哪一个科学家、艺术家，也无论其发明创造的成就具有多大意义，任何发明创造活动都必须经过准备、酝酿、豁朗、验证四个阶段。当

[1] 参见［美］凯瑟琳·帕特里克《创造性思维十一讲》，童仁川译，新世界出版社 2016 年版。

然，有些人并不将创造过程划成四个阶段，而是划成三个阶段或五个阶段，甚至七个阶段。如苏联阿·阿·斯米尔诺夫主编的《心理学》就把创造过程分为三个阶段：（1）准备阶段，其中包括问题的提出、假设和研究方法的拟定；（2）研究本身，其中包括假设的检查；（3）所得结果的概括及问题的解决（如果需要和可能的话，还要用实践来检查解决的结果）。[1] 周昌忠编译的《创造心理学》则分为五个阶段，因较真实地反映了创造性思维的过程而被广泛接受。

美国著名心理学家 S. 阿瑞提在《创造的秘密》一书中，介绍了创造过程的七个步骤。[2] 约瑟夫·罗斯曼用调查表的方法考察了 710 名发明者的创造过程，提出七个步骤：

（1）对一种需求或难点的观察；

（2）对这种需求的分析；

（3）对所有可利用情况的通盘考虑；

（4）对所有客观的解决方式的系统表达；

（5）对这些解决方式之利弊的批评分析；

---

[1] 参见［苏］阿·阿·斯米尔诺夫主编《心理学》，人民教育出版社 1960 年版，第 366 页。

[2] 参见［美］S. 阿瑞提《创造的秘密》，钱岗南译，辽宁人民出版社 1987 年版，第 19 页。

（6）新意念的诞生——创造发明；

（7）为找出最有希望的解决所进行的试验，有前面的某些阶段或全部阶段为最终的具体体现所进行的选择和完成。

H.奥斯本也把创造过程分成七个阶段，尽管他使用的术语与罗斯曼不同：

（1）定向：强调某个问题；

（2）准备：收集有关材料；

（3）分析：把有关材料分类；

（4）观念：用观念来进行各种各样的选择；

（5）沉思：“松弛”，促使启迪；

（6）综合：把各个部分结合在一起；

（7）估价：判断所得到的思想成果。

吸收前人的研究成果中的积极成分，我们可以提出一个灵感思维的客观结构模式，并加以阐明。整个灵感思维的结构分为四个密切相连的阶段，它们是准备阶段、酝酿阶段、领悟阶段、检验阶段。这四个阶段构成一个稳固的系统结构，灵感思维就是它们相互作用的结果。

为了更好地认识这一结构模式的机能，我们有必要对各个阶段的特点及过程进行必要的阐发，并以例证来说明这一结构模式。

1. 准备阶段

从宏观上讲，灵感思维的发生都应被视作准备阶段。在一个人的一生中，哪怕年轻时偶然的一个经历，也可能会对他的今后的灵感产生影响。精神分析学特别重视儿童的生活对人一生的影响。他们甚至把这种“印痕”的形成推到婴儿还在母体中时，认为人的出生过程会对人体产生极有力的影响。[1] 特别在艺术创作中，不可忽视年轻时的生活对创作的意义。如果我们读了但丁、高尔基、托尔斯泰、狄更斯、普鲁斯特等作家回忆童年生活的小说就会深信这一点。年轻时的但丁爱上了自己的邻居贝阿特莉采，这使但丁把她作为终生的信仰而影响他的创作。我们不能忽视瓦特从小对蒸汽可以推动壶盖的观察对促使他获得发明蒸汽机灵感的意义。

当个体心理的发展达到足可以产生创造性灵感思维的时候，在这以前的所有行为都可以被视为准备阶段。人们通过五官的感觉，存储了大量的信息，通过学习掌握了人

[1] 参见［美］L. 罗恩 · 哈伯德《戴尼提——自我心理调节技术》，于晓等译，生活 · 读书 · 新知三联书店 1989 年版。

类所创造的许多知识财富。人的许多知识不光靠逻辑的概念、判断、推理存在于人的知觉之中，还可以根据意象、情绪、符号、记忆、集体无意识存在于人的内觉中。这就对各种类型的灵感思维提供了雄厚的基础。在一定的情景中，每一点都可以成为灵感触发的契机。从狭义的意义上来理解，准备阶段是基于实践而始于问题的，就是说一个人由于实践的需要或知识储备的推动，发现以往科学假说或现实中的问题，便有要探求它的意识冲动，从而想去追根求源。正如英国哲学家波普尔认为的，创造性思维活动“是从各种问题开始的”，科学探索的逻辑起点是问题，问题的产生是由观察或实践得到新事实与旧知识、旧理论的矛盾引起的，或在对同一对象的不同理论的对立和争论中产生的。

发现了问题，就要想办法解决它，这就产生了人的主观探求精神。爱因斯坦说，提出一个问题往往比解决一个问题更重要，提出一个新的问题，需要有创造性的想象力，它标志着科学的真正进步。科学史和艺术史上的创作过程表明，那些充满创造灵感思维的人，无不具有顽强的探求精神，有着百折不挠的毅力。强烈的探求精神，可以提高人的观察能力，使人有了敏锐的感受力，提高了解决问题的信心和决心。马克斯·韦伯说：“如果没有书桌前的苦思冥想和如醉如痴地寻根究底，灵感也不会从天而降……”[1]

2. 酝酿阶段

一个人发现了问题，并想办法去解决，就进入创造性思维的酝酿阶段。科学史上的许多重大发现往往是由问题的寻求者促成的，他们有顽强的追问精神，能在别人视为平常的事情中看出异常。虽然有时科学的灵感可以通过钻研科学的理论和逻辑推导而获得，但多数情况下划时代的突破恰恰是由于新问题的提出，而不是由于它已被证实了的理论推演的结果。有人问爱因斯坦，他的那些最重要的科学概念是怎样产生的，他回答说是由于他“不理解最明显的东西”。

人们一旦为某一问题所吸引，并想办法去解决时，心理就会发生许多变化，在意识中，有时还需要身体的运动或实际的操作（如打草稿、编纲目、设计程序），我们所积累起的知觉经验就会处于一种不断变换的交流之中。我们可以唤醒沉睡很长时间的记忆，把各种不同的表象、概念、意象与知觉任意组合，有时这些经验有许多不衔接之处，有时似乎又在头脑中消失而转入地下。思维时断时续，

[1] [德] 马克斯 · 韦伯：《学术作为一种职业》，载《思想家：跨世纪探险》，华东化工学院出版社 1989 年版，第 115 页。

不断进行修整，甚至暂时停下再去广泛搜集所必需的资料、信息。经过这样的一段时间以后，解决的办法突然出现，从而产生了真正的突破。这就是酝酿阶段。

对于解决不同的问题，在酝酿阶段也有巨大的差别。有些容易的问题，一开始就看出了结果，其酝酿期就特别短暂。比如一个诗人突然产生作诗的灵感，由于诗的短小，便一挥而就。在日常生活中人们解决小问题时，经常会遇到这样的现象。困难问题的解决就复杂得多了。在酝酿阶段，往往要把问题分解成几个不同的阶段，在探讨各个不同阶段的基础上，才能最后解决问题。有时要转很多弯，才会有重大的进展。

在不同的人身上，酝酿阶段的时间长短也不一样，有些反常规的创造性课题要耗时十几年、几十年，甚至有些课题用了一个人的一生都没有突破。例如，相对论的难题在爱因斯坦的头脑中萦回了近 20 年；据说，德国有机化学家凯库勒发现苯的结构的灵感来源于一次梦到蛇，然而在此以前他已思考了整整 13 年。像这样反常规的创造性突破，往往是在原有逻辑思维活动中断的基础上产生的。

酝酿阶段结束于顿悟产生前的一瞬间，这时困难的解决已临近，有时我们会感受到一种知觉上、情感上的变化。法国诗人保尔·瓦雷里这样描述这种心理状态：有那么一种场合，从事写作的人会体验到一种突然闪现，因为这种智慧生活绝不是被动的，实际上是由一些断片组成，在某种程度上是由一些非常短暂的，但又使人感到富有种种可能性的部分组成。这些部分并没有使心智豁然开朗，却向它启示，存在着一些全新的形式，只要经过一番努力，必然能为心智所掌握。当心智产生某种感觉时，有时我也体验过这种瞬间；这是一种思想的闪光，没有亮到使人炫目。这种闪光的到来，引起我们的注意，它并没有照亮前途，却指明了方向。[1]

3. 领悟阶段

酝酿阶段成熟的认识，有时会突然在人心中闪现。在这以前，有时可以有某种预感，有时连一点预感都没有，它是突然的、完整的、强烈的，往往带有知觉、情感和情绪激动的变化。有人用“闪电般”一类字眼来表达这种情境下的经验。我们往往在心底呼唤“是这样的”，有时甚至高叫“哈！没错”。

领悟阶段的爆发是典型的灵感思维状态，没有领悟也就没有灵感。这个阶段是积淀在大脑中各种信息的突然有效联系，或者是外部触发信息和内部储存的信息直接沟通。

[1] 参见[美]克雷奇、克拉奇菲尔德、利维森等《心理学纲要》(上册)，周先庚等译，文化教育出版社 1980 年版，第 194—195 页。

在外部触发信息和内部储存信息之间，必然要有同构关系或类比关系，由于各种关系的相同或相异，就形成了不同类型的灵感。

领悟阶段的认识往往是直接的，它并不需要有一个推理的过程，甚至要在旧的逻辑中断的基础上才能产生。一些科学家和艺术的实践与理论，对此有许多证明。如居里夫人在镭的原子量测定出来前四年就“预感”到它的性状，并提议命名为“镭”，她“以直觉的预感击中了正确的目标”[1]。彭加勒在《科学与方法》一书中认为：“逻辑是证明的工具，直觉是发现的工具。”“没有直觉，数学家便会像这样一个作家：他只是按语法写诗，但是却毫无思想。”[2] 巴尔扎克在《论艺术家》一文中说：“某一天晚上，走在街心，或当清晨起身，或在狂饮作乐之际，巧逢一团热火触及这个脑门，这双手，这条舌头；顿时，一字唤起了一整套意念；从这些意念的滋长、发育和酝酿中，诞生了显露匕首的悲剧，富于色彩的画幅，线条分明的塑像，风趣横溢的喜剧。”

领悟阶段产生的创造性，往往使领悟者产生激动的情感体验，特别是在艺术中更是如此。大凡有创造性的作品，

[1] [德]M. V. 劳厄：《物理学史》，范岱年、戴念祖译，商务印书馆 1978 年版，第 63 页。

[2] [法]昂利 · 彭加勒：《科学与方法》，李醒民译，商务印书馆 2006 年版，第 438 页。

在“受孕”期，作者都经历过这种状态。这倒真有点像柏拉图所说的“迷狂”。

从心理思维来看，领悟是各种信息符号的重新组合。在组合中，含有信息的元素就是语言、意象、图形模式和内觉等，不能仅仅看成是语言。爱因斯坦在谈到他的创造性思维的经验时认为，他是把符号和意象的组合作为第一步的。他说：“写下来的词句或说出来的语言在我的思维机制里似乎不起任何作用。那些似乎可用来作为思维元素的心理实体，是一些能够‘随意地’使之再现并且结合起来的符号和多少有点清晰的印象。……在创造性思维同词句或其他可以与别人交往的符号的逻辑构造之间有任何联系之前，这种结合的活动似乎就是创造性思维的基本特征。”[1]

领悟也可能和问题的错误解决伴生。当时我们可能感到问题已经可以解决了，感到一种顿悟的兴奋与快乐，可是当准备阶段的知识产生反馈以后，才感到只不过是虚幻的顿悟，理性告诉我们这是不行的。因此，领悟的正确与否，还要经过下一个检验阶段。

4. 检验阶段

在灵感思维的发展中，领悟到的认知是否具有真理性，

[1] 《爱因斯坦文集》（第一卷），商务印书馆 1976 年版，第 101 页。

是否符合客观规律，是否可以运用，这些都需要验证。检验可以首先在理论上进行，这种理论还必然受实践的制约，但检验最主要的方式还是实验。在科学中，领悟到的灵感要被科学所证明才是正确的。在艺术中，作品要被社会所接受才行。检验阶段是一个对灵感的创造性进行细致化、符号化、公式化，以明确显示灵感全部内涵的一个加工过程。从结构上看，检验是一个信息反馈过程。对所建构的新的理论、知觉等，要根据内部积淀的信息和外部接受的信息进行调整。如果检验的结果是正确的，那么就形成了一个新的结构；如果检验的结果是错误的，那么一切都还将重做，或部分重做，以调整领悟阶段的信息流程，在最优的信息处理上再产生领悟。一个人的洞察力在检验阶段可以起到重要的作用。一个领悟对有高度洞察力的人来说，可能一下子就能看到它的全部重大意义，对毫无洞察力的人来说，则可能仅仅是偶尔的一个闪现，转瞬即逝，毫无所获。

以上四个阶段，组成了灵感思维的宏观结构系统。这四个阶段前后相承，组成一个环状结构，在内部信息的流动中不断进行反馈调节。在更多的人看来，只有领悟阶段出现的现象被描述为灵感状态。这种看法是有一定道理的，因为思维的飞跃及创造力的爆发都是在领悟阶段产生的。对领悟阶段的论述要在更深的层次上进行，从更微观的结构上去分析。

5. 例证分析

为了更好地说明灵感思维的宏观结构模式，我们举一个达尔文创立自然选择学说的例子加以详细论证。达尔文的进化论学说是19世纪自然科学领域三大发现之一。它不仅对以往的进化学说起着根本性的变革作用，而且影响到生物学领域的大多数学科，并促进辩证自然观的形成。马克思把自然选择看作自己的观点“提供了自然史的基础”的理论基础。从系统结构上来考察达尔文的创造过程，对我们阐明灵感思维的结构模式是有意义的。贝弗里奇在《科学研究的艺术》一书中写道：

> 达尔文已经想到进化论的基本概念以后，一天，他正在阅读马尔萨斯（Thomas Robert Malthus）的人口论作为休息，这时，他突然想到：在生存竞争的条件下，有利的变异可能被保存下来，而不利的则被淘汰。[1]

达尔文把这个想法记了下来，但还有一个重要问题没有得到解释，即同一原种繁衍的机体在变异的过程中有趋

[1] ［英］W.I.B. 贝弗里奇：《科学研究的艺术》，陈捷译，科学出版社1979年版，第73页。

异的倾向。他是在下述情况下解决这个问题的："我记得路上的那个地方。当时我坐在马车里，突然想到了这个问题的答案，高兴极了。"很多研究灵感的文章都引用这个例子来说明灵感的偶然性。但在整个创造性思维过程中，这只是记录了领悟阶段的情况。在这以前，达尔文的思想依然有一个酝酿期和准备期。

在准备期，达尔文年轻时曾是剑桥大学基督学院攻读神学的学生，他表示那时从不怀疑《圣经》上的每一个字的真理性。像这样一个正统的宗教信徒，怎么会产生与宗教教义完全相反的进化论学说呢？原来，达尔文自小酷爱自然科学，他热衷于收集各种甲虫和其他标本，还迷上了打猎。他学过动物学、地质学、解剖学等。在剑桥攻读神学时，他还学到许多博物学知识。在离校以前（1832 年）跟随地质学家赛奇威克从事地质考察实践，使他受益匪浅。因此，他被推荐去"贝格尔号"参加航行。这时他已有丰富的昆虫学、哺乳学、植物学及鸟类、爬虫类、两栖类、海生无脊椎动物、化石哺乳类各方面的知识。这都成了他创造自然选择理论的必要条件。

科学始于问题。达尔文发现在信仰和知识之间存在不可调和的矛盾，他便企图建立一个新的学说来说明自己的知识与信仰间的矛盾。他研究了沃尔夫的"种源论"及奥肯、拉马克等人的学说，读了莱伊尔的《地质学原理》，为自己的发现做了必要的准备。

然后，达尔文在长期科学的实践中，有目的地观察和搜集材料。在航海期间，他观察收集了有关物种变化和进化的种种事实，如观察了南美洲动植物地理分布、自然分布区的扩展方式，古代哺乳纲动物化石与现存物种之间的亲缘关系，已绝灭的物种与现存物种在地理上的分布关系，等等。这为进化论学说提供了可靠的材料，也是他全部观点的基石。达尔文在1837年的日记中写道："约自去年3月以来，南美洲化石的特点和加拉巴哥群岛的物种引起了我的重大注意。这些事实（特别是后者）是我的全部观点的起源。"[1] 达尔文对收集的各种材料进行了逐级比较，如比较空间现存的物种、比较物种的历史形态、比较物种在家养情况下的变异现象、比较其他学科提供的材料，他进行了各方面的艰苦的探索，这就为灵感的领悟奠定了基础。终于到了1838年10月，他偶然阅读马尔萨斯的《人口论》，产生了创造性的类比联想，后来在马车里突然领悟到问题的最终答案。灵感产生了，接着就是经过艰苦奋斗把自己所领悟的结果用语言符号物化。这就是《物种起源》《人类的由来及性选择》等著作的出版缘起。

---

[1] ［英］F. 达尔文编：《达尔文生平》，叶笃庄、叶晓译，科学出版社1983年版，第182页。

二、灵感思维的类型

灵感思维的结构模式是宏观上对灵感思维的描述，它是在各类灵感思维抽象基础上进行的。灵感思维的具体表现千差万别，我们还要从类型学上对其进行研究，从而将纷繁多变的灵感现象条理化、系统化，为科学说明灵感打下基础。

灵感思维的分类标准不同，就会有不同的划分方式。如果从不同学科的创造来分，就可以分为科学的灵感思维与艺术的灵感思维；如果从思维的效果来分，就可分为局部突破型灵感思维与总体突破型灵感思维；如果从灵感思维结构系统中信息的来源及加工过程作为分类标准，就可以把灵感思维分为触发型与内觉型两大类型，每种类型又各分为四种方式。

触发型与内觉型的灵感思维有许多不同，主要表现在信息的流向不同及加工过程不同。前者信息的流向是从外向内流，通过和内部的知觉系统达到某种沟通，忽然产生灵感；后者信息是从内向外流，它是长期孕育在潜意识的内觉成果的突然涌现，是不假思索的直觉领悟。下面我们就分析探讨各种类型的灵感思维。

（一）触发型

触发型灵感思维的最大特征在于信息流程是从外部开始的，但这个过程又不是行为主义心理学所描述的“刺激—反应”或“环境—行为”的过程，内部的意识结构必须有与外部触发信息相适应的能力，可以同化外部信息，并很快组成一个新的建构。在外部信息与内部结构之间，必须有“相似性”才可能起到“触发”的作用。触发如火，内部的结构如柴草，两者相合才能燃起熊熊大火。相似性指外部信息和内部苦苦追求的东西之间有一定的联系点，或者不同的现象表现了同一个本质，或者宏观结构与微观结构相同，或者动态与静态相近，或者触发信息的象征意义与内部的情感需要一致，这样在触发信息和内部结构之间就产生了联系，偶发信息与主体意识产生共鸣，灵感思维就产生了。

西方的格式塔心理学提出了“物理—生理—心理”之间存在着异质同构关系。他们认为，外部事物、艺术式样、人的知觉组织活动及内在情感之间存在着根本的统一。按照他们的理论，外部触发信息与人内心的情感等存在着异质同构的相似性，所以才能激发出人的审美知觉，在艺术创造中尤其如此。[1]

触发型又可分为多种方式，我们把它概括为四种。

1. 联想式

联想是由一事物想到另一事物的心理过程。人们通过联想能够克服两个重要概念意义上的差距而把他们连接起来。联想往往可以启发人突破常规，跳出旧有圈子，产生突破性的思维。在一个经典例证中，发明家布伦特由于看到蜘蛛吊丝，从而联想到造桥，顿时恍然大悟，发明了吊桥。相似性的联想一旦形成，就为灵感思维的产生准备了条件。

在艺术创作中，这样的例子就更多了。屠格涅夫有一次泛舟河上，放眼两岸风光，忽见近岸处一幢楼房的窗户内探出了两个女性的头，一个是少女，另一个是老妇人，她们向着河上眺望。这本是很平常的事，但在作家的心里产生了种种联想：这个少女是否被幽禁在这里，正翘首盼望她热恋中的情人！而那个老妇人，极可能是一个监护人，这只要看她警觉的目光就可断定……屠格涅夫以此为契机，创作了著名小说《阿细亚》。

---

[1] 参见[美]鲁道夫·阿恩海姆《艺术与视知觉》第一章，滕守尧、朱疆源译，中国社会科学出版社 1984 年版。

王羲之从白鹅的游水姿态中悟出用笔的方法。他认为，执笔时食指要像鹅头那样昂扬微曲，运笔时要像鹅掌拨水那样优雅自如而有力量，这样才能使全身的精力集中于笔端。清人包世臣曾将它总结为一首诗："全身精力到毫端，定气先将两足安。悟入鹅群行水势，方知五指力齐难。"唐人怀素"夜闻嘉陵江水"而思潮起伏，又"观夏云多奇峰，辄尝师之"，激发了创作灵感，使他的书法有惊蛇走虺、旋风骤雨般的磅礴气势。唐代张旭以草书闻名，传说他见"公主与担夫争道而得其意，又见公孙大娘舞剑器而得其神"。公主与担夫争道的杂而不乱、挤而有让的情景，被他联想到书法上的大小长短、参差不齐的布局谋篇；公孙大娘舞剑的舞姿，使他悟彻了书法的低昂回翔、行进而又有节奏的生动气韵。我国宋代画家宋迪和文艺复兴时的著名画家达·芬奇都谈到他们从败墙上斑驳陆离的图案中刺激了创作灵感。

2. 类比式

类比，指不同事物或现象在一定关系上的部分相同或相似。这种触发形式是在提供的触发信息与未知的创造性课题之间有某种因果关系、对称关系、象征关系、拟人关系等，从而导致灵感思维的爆发。

类比的思维方法在原始社会就存在了，因为原始人的分类还不如现在科学，在“万物有灵”观的指导下，便把一些事物在某一点上相同视为同一，并认为它们可以产生交感。弗雷泽在《金枝》中曾分析一种建立在“相似律”基础上的巫术，并揭示了这一方式的古老性。比如在神话中，往往把宇宙视为像人一样的生命体，而把人又视为一个小宇宙。在夸父追日的神话中，夸父死后头颅变成了山谷，血液变成了江河，毛发变成了森林。再如古代风俗中有一种以性交来促进春天降临及农作物生长的巫术，也是建立在类比思维上的。当人类从荒谬的行为中渐渐觉醒后，类比仍给灵感思维以巨大的启迪。

在隧道工程中曾经广泛使用的“盾构施工法”的发明，也是类比触发式的。1820 年，英国要在泰晤士河河底建造隧道，由于土质条件差，用传统的支护开挖法易渗水、塌方，施工极为困难，工程师布鲁内尔一筹莫展。一天，他在室外无意中发现一只小虫使劲地往坚硬的橡树皮里钻，这使他恍然大悟：河下施工为什么不能有这种类似小虫的掘进技术呢？他终于发明了“盾构施工法”——用空心钢柱打入河底，以此为“盾构”，边掘进边向前延伸，在盾的保护下进行施工。钻进树皮的小虫与“盾构”之间产生了类比，从而引发了创造性的灵感思维。这种类比触发式的灵感思维，在仿生学中有广泛的例证。

中国书法中“板桥体”的创立也是这样的。成名前的郑板桥，为练出一手好书法，苦苦临摹前人的各种字帖，甚至晚上睡觉也用手划被子练字。有一次，他在被子上划来划去，不知不觉划到他妻子身上。他妻子抱怨说："人各有一体，你这是干什么呢?"郑板桥听了，猛然醒悟，此后他不再一味模仿前人，在书法中吸收了画梅、兰、竹、菊的技法，遂自成崭新的"板桥体"。

类比是人类所特有的一种心理功能，目前对它的研究还是很不够的。类比不仅仅是逻辑的功能，实际上它包括意象、情感、想象等多种心理功能。它是由一种带具体性的知觉向另一种带具体性的知觉，由于同构对应关系的挪移。这种同构对应关系不是指表面形态的几何相似，而是指事物深层联系的结构上的相似。这样，已知的触发信息才能成功地直接类推到未知的创造性课题中去，触类旁通，引发灵感。

3. 刺激式

一些人的灵感思维的发生与环境的刺激有一定的关系。在长期的紧张努力工作后，有人要等到有一个比较舒适的环境时才能激发出灵感。英国科学家布朗经过大量研究后发现，浴盆、床铺和在农村的散步是最适宜科学家产生灵感的。法国物理学家皮埃尔·居里认为在森林中容易产生激情。物理学家恩利克·费米喜欢躺在寂静的草地上想问题。法国物理学家彭加勒和美国生理学家坎农都认为躺在床上睡不着时最易产生出色的设想。德国物理学家及生理学家赫尔姆霍兹发现，巧妙的设想往往是在一夜酣睡之后的早上，或者当天气晴朗缓步攀登树木葱绿的小山时产生的。

一些作家在写作中形成的习惯和古怪的癖好，也会起到诱发灵感的作用。有的作家觉得只有在特定的环境中，才能轻松愉快地进入写作。一旦满足了他所习惯的条件和气氛，他就仿佛进入另一个世界，从而唤醒他的想象和幻觉的“灵气”，形成最佳的创作心境。

雪莱的名作《解放了的普罗米修斯》就是在古罗马万山丛中的卡拉古浴场遗址中写作而成的。他说：“广大的平台，高巍的拱门，迷宫般的曲径，到处是鲜艳的花朵和馥郁的树木。罗马城明朗的蓝天，温和的气候，空气中洋溢着的春意，还有那种令人心神迷醉的新生命的力量。这些都是鼓动我撰写这部诗剧的灵感。”

1838 年 7 月的一天，果戈理来到一处山岗的小酒馆里，屋里空气闷热，响着木球声和操各种语言的高声谈话。果戈理说：“我不知道为什么特别在那一瞬间，当我走进这所酒馆的一瞬间，我想要写了。我叫人搬来一张小桌子，就在一个角落里，取出纸夹子，于是在滚动的木球的声音下，在暧昧的喧噪声中，在仆人们的奔驰中，在烟里，在窒息的雾围里，我把自己忘失于奇异的梦里，一气写完了整整的一章，没有离开过座位。”[1]

那么，什么样的情景、场合、条件下最容易产生灵感呢？不同的科学家、艺术家有不同的体会。据说德国诗人席勒在创作时喜欢闻烂苹果的气味，在他的写字台上常摆一个烂苹果，在创作时他又常喜欢把脚浸在冷水里。当卢梭有所思索时，总爱让炽热的阳光晒自己的脑袋。作曲家莫扎特在作曲之前常做体操。尼采在散步时新思想最易涌现。我国唐代诗人李贺总爱“驴背寻诗”。欧阳修在《归田录》里说：“余生平所作文章，多在‘三上’，乃‘马上’‘枕上’‘厕上’也。”

还有一些人的灵感，不是靠环境等外物的刺激，而是靠饮料、药物从内部激发出精神状态而产生的。这些刺激物有的可以起到兴奋神经的作用，从而使创作的欲望增强。如法国作家伏尔泰和巴尔扎克就常借助于咖啡，高尔基写作时总叼着大烟斗。有的既有兴奋神经的作用，同时又容易造成幻觉，从而冲破逻辑思维的束缚而产生创造性，许多富有才华的作家都是著名的酒鬼，如托马斯·沃尔夫、马克·吐温、海明威、爱伦·坡、辛克莱、刘易斯等。中

[1] [苏]万垒赛耶夫：《果戈理怎样写作的》，孟十还译，文化生活出版社1953年版，第40页。

国古代的一些著名诗人，如陶渊明、阮籍、嵇康等，也都是著名的酒徒，李白还有“斗酒诗百篇”的豪兴。作用于人的神经的一些饮料之所以可以刺激灵感，是由于这些东西可以激活人的潜意识，从而摆脱逻辑的制约，从原发过程产生新的创造力。当然这是有限度的，如果酗酒成癖、烂醉如泥，或脱离生活，只想靠致幻来产生灵感，那就荒唐了。

4. 机遇式

由意外事件引发的科学灵感或艺术灵感，我们称为机遇式。机遇的基本特征就是非预测性、非意料性，如果事先知晓、可以预料就不是机遇了。人永远有不可知的事物，机遇就会永远存在。人虽不能预知机遇，却可以及时地抓住它、利用它，从而领悟大自然透露的秘密。

在科学不发达的阶段机遇会多一些，到了科学高度发达的今天，机遇会相对减少。据《自然科学大事年表》统计，从1600年至1960年生物学大约150项成果中，机遇发现占10%左右。

机遇的触发没有固定的模式，表现形式也千差万别，根据信息来源及要解决的课题之间的关系，我们可以把它分为异向机遇与同向机遇。异向机遇是指机遇提供的信息与科学家或艺术家原来追求的目标是异向的，没有直接联系。在探索过程中出现了预想之外的现象，使人感到意外，顺着思路就发现了与原来追求的东西毫无共同之处的新发明。例如，苏联一个眼睛近视的男孩因摔跤打碎了眼镜，破碎的镜片刺进了角膜，医生立即给他动手术清除异物。令人惊奇的是，眼伤痊愈后，他竟能读出标准视力表上的十行字符，近视在无意中被治好了。抓住这件事，S. 弗奥多洛夫博士发明了一种通过改变角膜的弯曲度来治愈近视眼的新医术。这样的例子还有很多，如伽伐尼进行青蛙解剖实验，原想研究青蛙机体的生理问题，却意外地发现了电流；著名英国化学家拉姆塞原想从钇铀矿中找氩，却意外地找到了另一种惰性气体氦；柏琴想用化学方法合成奎宁，却意外地发现了第一种合成染料苯胺紫；杨斯基本来从事的是无线电通信干扰实验，却意外发现了天体的射电；等等。

同向机遇指机遇信息与科学家、艺术家追求的目标是同向的，能够促进本来目标的实现。如曹禺年轻时，经历过郁闷的家庭生活，见过很多不幸的女人，他也曾动过写作的念头，但一直没有找到一个好的突破口。后来，他听到一个同学的嫂嫂的爱情遭遇，“这个女人就像在我心里放了一把火”，于是产生了《雷雨》中繁漪这个典型的艺术形象。艺术的机遇触发，大都是同向的。据说五代时期的李夫人性喜画竹，一个清风送爽的月夜，她偶然看到月光下婆娑的竹影映在窗纸上十分好看，一时兴起，就用墨笔在窗纸上描画。白天看所画的竹影，别具一格，生气勃勃，一时被画家竞相仿效。这就是墨竹的来历之一。

机遇人人都可能遇到，但由机遇引发新的发现，还有赖于主观条件。敏锐的观察力和判断力、不受传统束缚的批判精神、广博的知识和经验及深具的“问题意识”，都是机遇触发式所必备的。著名微生物学家巴斯德说得好：“在观察的领域中，机遇只偏爱那种有准备的头脑。”

触发型灵感思维的四种模式的信息触发特点各有不同，但也不是截然有异。它们有许多相同的地方，如在发生心理上，在信息加工的过程上；也有许多类似的地方，甚至是多种模式相互作用的结果。它们可以是封闭式系列关系，也可以是相互包容或部分包容的关系；或你中有我，或我中有你。在机遇触发式中也必然含有联想的心理过程，有时也会有类比思维的加工，我们只是根据触发过程中起主要作用的方式来以加以分类，离开了整体的机制，任何分类模式都是不可理解的。

（二）内觉型

内觉型灵感思维的最大特征在于，激起灵感的信息不是来自外部，而是来自大脑内部积淀的那一部分。它首先在人类潜意识中进行思维加工，到了一定的时候，便突然跃入意识领域，被人的悟性所捕捉。由于此类型的灵感思维的发生机制深植于人类的深层心理之中，因而其表现形态更为复杂，对它的认识也充满神秘色彩。

内觉型的灵感思维，也可以概括为四种方式。

1. 孕育诱发式

孕育诱发式指靠主体的主动培养来调动潜在的能力，以诱发灵感的方式。中国古人讲究文艺创作中的“养兴”，认为只有通过主体对长期的“养兴”的培养，才能产生艺术创作的“感兴”，从而创造出富有灵感的作品。

《庄子·田子方》中“解衣般礴”的故事就描述了孕育诱发灵感的现象：

> 宋元君将画图，众史皆至，受揖而立；舐笔和墨，在外者半。有一史后至者，儃儃然不趋，受揖不立，因之舍。公使人观之，则解衣般礴，赢。君曰：“可矣，是真画者也。”

这段文字描写一个画家受宋元君之命作画，他的举动与众不同。他步履舒缓，行礼之后，不像别人恭恭敬敬地在那里站着，而是回到自己的房子里。未作画前将衣服脱去，光着身子，伸开两腿坐着，孕育灵感。

元代书画家赵孟頫为了孕育创作灵感，居然“据床学马滚尘状”。清代吴升《大观录》卷十六王穉登题赵孟頫《浴马图卷》中有这样的记载：

> 赵集贤少便有李习，其法亦不在李下。尝据床学马滚尘状，管夫人自牖中窥之，正见一匹滚尘马。

赵孟頫画马前自己先学马，以体会马的动作及神情，在体内形成一种内模仿的力，在创作时，就会产生异质同构的关系，促进灵感的“感兴”。

2. 直觉领悟式

直觉一般指人的思维直接把握事物本质的一种内在直观认识。贝弗里奇说：“直觉用在这里是指对情况的一种突如其来的颖悟或理解，也就是人们在不自觉地想着某一题目时，虽不一定但却常常跃入意识的一种使问题得到澄清的思想。”[1] 在这一点上它与灵感的概念容易混淆，在一些人那里甚至不分，实际上直觉和灵感还是有区别的。钱学森指出：“我要强调直觉是显意识，而灵感是潜意识。”直

---

[1] ［英］W.I.B. 贝弗里奇：《科学研究的艺术》，陈捷译，科学出版社 1979 年版，第 72 页。

觉在创造中有不可忽视的作用。波普尔甚至认为一个新思想、一个科学理论、一个艺术题材的产生都是直觉的，“它同科学知识的逻辑分析毫不相干”。爱因斯坦根据自己的亲身经验也说，“我相信直觉和灵感”，并把科学创造的原理归为一个模式：经验—直觉—概念或假设—逻辑推理—理论。彭加勒在《科学与方法》一书中认为：“逻辑是证明的工具，直觉是发现的工具。”

直觉作为一种心理能力，在科学家和美学家那里很早就进行研究了。如斯宾诺莎认为“直觉高于推理”，康德则提倡一种“知性直觉”。在美学中有一种“直觉主义”，如谢林、叔本华、尼采、柏格森、克罗齐等，都推崇直觉而贬低理性。

直觉领悟式灵感思维的最大特征就在于对触发信息的内在本质的认识不是通过理性的分析得到的，而是通过直接领悟得到的，从而产生了高度的创造力。

审美具有直觉性，是理论界基本公认的观点。艺术的直觉与科学的直觉的不同之处在于，艺术直觉有更加强烈的情感体验，带有极强的形象性，是从整体上把握事物。歌德有一次对他的秘书爱克曼说：“一般来说，我总是先对描绘我的内心世界感到喜悦，然后才认识到外在世界……我可以说，如果我要等到我认识了世界才去描绘它，我的描绘就会变成开玩笑了。”[1]

3. 梦境涌现式

在梦境中产生的灵感为梦境涌现式灵感思维。剑桥大学胡钦逊教授对一些具有创造思维成就的科学家做了调查，70% 的人回答说从梦中得到过帮助。日内瓦大学的一项报告表明，在被调查的 69 个数学家中有 51 个（占 74%）表示在睡梦中解决过问题。所以有些科学家幽默地说：“先生们，让我们带着要解决的问题去睡大觉吧！”

匈牙利生物化学家、诺贝尔奖获得者赛思提 · 吉奥尔伊说：“在我的床上，当清晨 3 点到 4 点之间睡眠醒来时，脑子做了大量的无意识工作，而我们的好多重大问题就是这样解决的。”著名哲学家、数学家罗素也说：“当我著书的时候，我几乎每夜都梦见书的内容。我不知道在此是否产生新思想或是旧思想新生，我常常梦见整页整页的书，并在梦中通读它们。”意大利小提琴家居塞比 · 塔蒂尼梦见他把自己的小提琴交给魔鬼演奏，令他惊奇的是魔鬼演奏出了美妙的旋律，他醒来立即写下了名曲《魔鬼的颤音》。德国作曲家瓦格纳于朦胧中创作了《歌唱大师》和《莱茵

---

[1]　[德] 爱克曼辑录：《歌德谈话录》，朱光潜译，人民文学出版社 1978 年版，第 33—34 页。

的黄金》的部分乐章。德国作曲家海顿和奥地利作曲家莫扎特都曾在睡梦中得到过音乐创作的灵感。

我国古代文艺家也有许多梦生灵感的记述。《谢氏家录》云："康乐每对惠连，辄得佳语。后在永嘉西堂，思诗竟日不就，寤寐间，忽见惠连，即成'池塘生春草'。故尝云：'此语有神助，非我语也。'"刘后村在《沁园春》词序中说："癸卯佛生之翌日，将晓，梦中有作，既醒，但易数字。"周邦彦的《瑞鹤仙》等作品，也是在梦中诞生的。他说："梦中作此记号，既觉而不知所谓。"苏东坡等诗人都说自己在梦中作过诗。在江西，传说汤显祖的《牡丹亭》也源于梦境，在作品中仍保留对梦的描写。清代著名画家高其佩在梦中创造了指头画，他说："画从梦授，梦自心成。"

问题不在于指出梦境可以产生灵感，并广为收集这样的例证，而在于怎样科学地说明这种奇妙的现象。但由于人们对梦的发生机制、工作原理、机能等了解得还太少，目前还不能完全科学地说明这种现象。尽管如此，深层心理学对人的精神的分析，仍给我们以极大的启示。

4. 潜能突发式

人有一种外在能力，还有一种潜在的能力。潜在能力平时看不到，到了关键的时候便会活跃起来。潜能以各种各样的信息存储在人的头脑中，压抑于意识之下，存储的信息多了，有时也会突然涌出，形成潜能突发式灵感思维。这种方式有时也要有外在触发的信息引导，但它的能量更多地来自于内部。

例如，青年时代的歌德得到他的一个朋友为恋爱自杀的消息，仿佛突然见到一束亮光在眼前闪过，“立刻就把《少年维特之烦恼》的纲要想好了”。他在两个星期内一口气把稿子写完，然后复阅一遍，自己觉得很诧异：“这部小册子好像是一个患睡行症的人在无意识之中写成的。”实际上，《少年维特之烦恼》的内容源于青年歌德钟爱朋友的妻子夏绿蒂，欲罢不能，在痛苦中萌发自杀念头的亲身经历。书中的人物、情节、思想早已在作者的潜意识中酝酿。朋友的自杀不过和他的经验很相似，从而激发出他的潜能，他把自己灵感深处的思想、感情一泄无余。

内觉型灵感思维的四种方式，主要从信息加工是在主体内部长期积淀的基础上划分的。它的特征在于内部积淀的信息大于外部触发的信息。但在内部与外部之间的联系上，也不是绝对对立的。内部积淀的思维成果，往往与外部触发信息有关，不过内部积淀所占比重大，占绝对优势。内觉有时是人在无意识中产生的，有时是直觉产生的，有时是经过意识消化后诱发的，因而形成了不同的方式。

第六章

灵感思维的特征与功能

诗兴油然而生：
抒情的波涛冲击着我的心灵，
心灵颤动着，呼唤着，
如在梦乡觅寻，
终于倾吐出来了，自由飞奔……
思潮在脑海汹涌澎湃，
韵律迎面驰骋而来，
手去执笔，笔去就纸，
瞬息间——诗章迸涌自如。

——［俄］普希金《秋》

没有灵感，天才的灵感，那他一辈子只能是一块当伙计或办事员的料，永远不会组织创新。

——［德］马克斯·韦伯《学术作为一种职业》

一、灵感思维的特征

对灵感思维的特征进行研究，有利于我们认识这种思维的本质。过去有学者对此也做过一些论述。鲍姆嘉通曾归纳过灵感思维的三个特征。H. 奥斯本在他的《论灵感》中，也列举了灵感来袭时的三条经验事实。

20 世纪 80 年代以来，我国对灵感思维的研究有了突飞猛进的发展，大家都承认灵感思维的突发性、短暂性、偶然性、亢奋性、创造性等。综合学术界对灵感思维特征的论述，结合我们的研究，笔者认为灵感思维有这样一些特征：发生的突然性、时间的短暂性、心态的迷狂性、认识的飞跃性、结果的创造性、信息加工的模糊性、心理因素的综合性。

鲍姆嘉通、H. 奥斯本对灵感思维特征的描述是从美学角度考虑的，涉及的也仅是艺术领域。我们的论述兼顾各种类型的灵感思维活动，尽管科学的灵感与艺术的灵感有一些不同，尽管触发型与内觉型的灵感也有些差异，但作为思维形式的一种，它们发生的基本过程是一致的，它们的内部结构、信息加工过程也是相同的，因此我们才有可能从不同类型、不同方式的灵感思维中抽出一些共同的特征来。

1. 发生的突然性

无论是触发型的灵感思维还是内觉型的灵感思维，它们的发生都是很突然的，人们不可预知灵感何时到来，何时离去。灵感获得者也感到意外，不知道为什么过去长期得不到解决的问题一下子便迎刃而解了。

雪莱在《诗辩》中指出："诗不像推理那样凭意志去决定而发挥力量。人不能说：'我要作诗'，即使最伟大的诗人也不能说这类话；因为，在创作时，人们的心境宛如一团行将熄灭的炭火，有些不可见的势力，像变化无常的风，扇起它一瞬间的火焰。"别林斯基也说："艺术家感到创作的需要，这需要的来临是突然的，不及料的与唐突的，而且完全与他的意志无关。因为他不能为自己的创作指定一个日子，一个小时，或某一分钟。"有时，写科学论文也是如此，费尔巴哈说："热情和灵感是不为意志所左右的，是不由钟点来调节的，是不会依照预定的日子的钟头迸发出来的。"[1] 彼德·艾玛诺也说道：

---

[1] ［德］费尔巴哈：《费尔巴哈哲学著作选集》（下卷），荣震华等译，生活·读书·新知三联书店 1959 年版，第 504 页。

> 在你感到它以前，象征乃是一个夜间的呼叫。它是属于你自己的深夜，是您在寻找对它的了解。这是根据法国最大的象征家所说的话。只有一刹那的时间，那乃是正午的一刹，那正是充溢意识的时间，有着一个习惯的光明，有着一个看得见的保证。忽然，日光熹然，薄晓在动：一个不能捉摸的言语，随着您，接近或脱逸，加强，在实有的深夜中，前来拖曳你。[1]

陆机《文赋》中说的“来不可遏，去不可止”，孙过庭《书谱》中所说的“偶然欲书”，金圣叹的“此一刻被灵手捉住”，讲的都是灵感思维的这个特征。

灵感什么时候来，被什么东西触发，往往带有偶然因素，不能确切预料。你苦思冥想，它偏不光临；你无意识地在散步、闲谈，甚至在睡梦中，在半醒半睡的迷蒙状态中，它却忽然到来了。它就像一道闪光，一下子照亮了艺术家、科学家的思路，使之突然领悟到事物的本质所在。

马克斯·韦伯说：“灵感这东西，只有在它自己愿意来的时候才来，而不是我们想叫它什么时候来就来。最精彩

---

[1] 转引自赵雅博《中外艺术创作心理学》，台北文物供应社 1983 年版，第 307 页。

的念头，用最佳的话说，是坐在沙发上抽雪茄的时候迸发出来的。”

2. 时间的短暂性

灵感思维突发后，持续的时间一般都很短暂，少则一秒钟、几秒钟，多则几分钟，很少有持续更长时间的。灵感思维活动时间虽短，能量却很大，它如疾风骤起、骏马飞驰、汹涌奔腾，不可收拾。艾青称灵感思维是“瞬即消逝的心灵的闪耀”。宋代词人陆游说：“文章本天成，妙手偶得之。”清张居实说：“古之名篇，如出水芙蓉，天然艳丽，不假雕饰，皆偶然得之。”王夫之说：“才著手便煞，一放手又飘忽去。”灵感思维是一种认识的飞跃，通过信息的重新组合而产生新的思想，在质变过程中要释放出强大的能量，不需要很长的时间便发生了质的变化。灵感思维的过程虽然短暂，却最有效益。片刻的灵感思维，可以引发一个科学原理的发现，促进人类对自然规律的认识，也可以产生一首绝妙的诗歌或酝酿一部长篇小说。科学家和艺术家更善于快捷地抓住灵感，趁思维奔涌之时，去创造、去发现、去发明。据李商隐给李贺作的小传载，李贺“能苦吟疾书”，他常骑驴外出游览，想起好的诗句，当即写下，投入囊中，晚上回家再整理加工，唯恐绝妙好词成为过眼烟云。很多人也有这样的体会，对脑子中突然涌现的新思想没能及时捕捉，以后便追忆莫及了。苏轼介绍画竹的经验说："故画竹必先得成竹于胸中，执笔熟视，乃见其所欲画者，急起从之，振笔直遂，以追其所见，如兔起鹘落，少纵则逝矣。"正因如此，杜勃罗留波夫强调说："他（艺术家）能够在每一种事物上，善于摄住其中有什么东西特别打动他的一瞬间。"[1] 有经验的艺术家是绝不会放过这一"瞬间"照亮的思想领域的。

3. 心态的迷狂性

柏拉图提出了灵感的"迷狂性"问题，但他把"迷狂"归为神的附体，反映了神话时代巫教信仰的特征。如果把迷狂看作灵感者亢奋的精神状态，是比较符合客观实际的。因为灵感是突然的领悟，灵感来袭时人们必然陷入一种精神的癫狂状态，处在心灵的高峰体验之中，特别是在艺术灵感中，由于伴随着激越的情感特征和体验，思想处在纷至沓来的形象幻想之中，必然显得不同寻常。

阿基米德发现"浮力定律"就有这种迷狂性。在普鲁塔克笔下，阿基米德总是精神恍惚，如醉如痴。他整天都像被他所钟情的妖魔迷住一样，对于饮食和自己的身体全

---

[1] [俄] 杜勃罗留波夫：《杜勃罗留波夫选集》（第一卷），辛未艾译，上海文化出版社 1959 年版，第 63 页。

不关心。洗澡时常常呆坐着，真像诗神附体一样。[1] 当他忽然领悟到解决问题的办法后，就一个人赤身裸体地跑到大街上高喊："我发现了！我发现了！"据说牛顿在研究问题时，曾把手表放在水里当鸡蛋煮。据《黑格尔小传》记载，黑格尔有一次站在雨中，陷入心理的迷狂，竟一天一夜没动，在那里思考问题。平时这些人就有些狂态，到灵感袭来时，便显得更加迷狂。

果戈理谈到他的创作体会时说："我感到，我底脑里的思想活动了，好像被叫起的蜂群；我底想象变成奇异的了。啊，如果你知道，这时怎样的快乐呀！……简直在我底整个身体里感觉到甜蜜的战栗，于是我忘记了一切，倏然地转入我很久不曾去过的那个世界里了。"[2] 对这种迷狂性，别林斯基称为"沸腾着的火热"的激情，普希金称为灵魂"颤抖响动，探索像在梦中"，高尔基则说像"喝醉了酒似的"不能自已，我国明代的李贽则描述为"发狂大叫，流涕恸哭"。

艺术灵感的迷狂是一种"移情"现象，是作者把自己的思想感情移入客观事物以达到物我一体、物我交融、主

[1] 参见钱学森等《灵感之谜》，北京师范学院出版社 1986 年版，第 131 页。

[2] ［苏］万垒赛耶夫：《果戈理怎样写作的》，孟十还译，文化生活出版社 1953 年版，第 16—17 页。

客难分的心态，从而去体味万事万物的生命与悲哀，达到“神与物游”的艺术境界。艺术大师罗克洛德说：

在很长的缄默中吸着烟……

忽然间，精神重新了，忽然间嘘气重新了。

忽然间，沉重的声音在心中，忽然间，溢出了字句，忽然间，精神的嘘气，枯涩的神逸，忽然间精神的占领。

还有，还有，来回寻找我的海洋，仿佛是一只船……

还有深夜也来寻找我！

还有，动身的别离，还有已往的交流，还有开启的门扉……

啊，我沉醉了，啊，我沉默于神了，我在我心内听见了一个声音，一个加速的节奏，喜悦的动！[1]

郭沫若写《地球，我的母亲》的情形就是如此。那天，他上午跑到福冈图书馆去看书，突然受到诗兴的袭击，便走出了图书馆，在图书馆后面僻静的石子路上，赤着脚踱来踱去，时而又率性地倒在路上，想和“地球母亲”亲昵，去感触她的皮肤，感受她的拥抱。现在看来，这显然有些

[1] 转引自赵雅博《中外艺术创作心理学》，台北文物供应社 1983 年版，第 303—304 页。

发狂，然而在当时，他委实感受着压迫。在那样的状态中诗人受着诗的推荡、鼓舞，终于见到她的完成，自己就像获得新生了一样。[1]

4. 认识过程的飞跃性

从认识论的角度看，灵感思维是认识的巨大飞跃。这个飞跃不是靠逻辑的推论，也不全靠理性的力量，它是旧逻辑的中断，是新的信息系统的重新建构，是知识的重新组合，是带有跳跃性的思维成果，它的飞跃是直觉领悟式的，或潜能激活式的。正如中国古诗词中描述的："山重水复疑无路，柳暗花明又一村""踏破铁鞋无觅处，得来全不费功夫""众里寻他千百度，蓦然回首，那人却在灯火阑珊处"。这个飞跃的表现形式是非逻辑的、非理性的，但仍可进行逻辑的、理性的分析。这个飞跃是"长期积累，偶然得之"，如果没有前面的"积累"过程，也不会产生以后的飞跃。科学的灵感思维与科学家长期艰苦的探索、研究有密切的关系；艺术的灵感思维与艺术家的生活积累、艺术修养也有密切的联系。灵感的飞跃毕竟是偶然的，它的到来和突破是不好预测的。

---

[1] 参见《沫若文集》(第11卷)，人民文学出版社1959年版，第143—144页。

英国数学家哈密顿回忆四元数的发现过程时说："1843年10月16日，当我和妻子步行去都柏林的途中，来到布劳汉桥的时候，它们就来到了人世间，或者说出生了、发育成熟了。这就是说，此时此地我感到思想的电路接通了，而从中落下的火花就是I、J、K之间的基本方程；恰恰就是我以后使用它们的那个样子。我当时拿出笔记本，把它们记录下来。要是没有这一时刻，我感到本来也许还得花上至少10年（也许15年）的劳动。"为此，法国物理学家德布罗意认为："当出现了摆脱旧式推论的牢固束缚的能力时，在原理和方法上均为合理的科学仅借助于智慧的突然飞跃途径，就可以取得最出色的成果。人们称这些能力为想象力、直觉和敏感。"[1]从认识论看，灵感思维正是在摆脱了常规逻辑、理性的束缚时，而产生的思想上的飞跃，是认识过程中的突变。这一突变和传统认识论的逻辑推论完全不一样。

5. 结果的创造性

灵感思维和创造性总是密切联系在一起的。除了以后被证明是错误的思维结果外，灵感思维带给我们的总是富有独创性的成果，是对旧模式、旧体系的突破，是对旧传

[1] 转引自[苏]凯德洛夫《论直觉》，《哲学译丛》1980年第6期。

统的反叛。它不是靠逻辑的推理，更不是靠模仿因袭，灵感思维产生的思想和艺术都是具有突破性的，它总是引导科学的发现和发明及天才艺术作品的诞生。而且，这个独创性的成果具有不可重复性，任何人不可能召唤自己的灵感思维再度重返自身。

灵感思维之所以具有突发、短暂、偶然、亢奋等特征，与创造性密切相关，思维成果的创造性突破了以前的条条框框，灵感者从内心深处感到伟大的突破时刻的到来，感到了发明和发现的伟大意义才使精神振奋，通过对旧的突然冲破而产生的高度创造力。在这个意义上，任何灵感的冲动实质上都是一种创造的冲动。列夫·托尔斯泰说得好："灵感是什么？灵感是忽然出现你能够做到的事情。"一个人有高度的创造力，他也就是一个易获得灵感的人；一个人的创造力衰退了，灵感思维也就从他身上消失了。"五四"时期，郭沫若曾产生一个诗歌创作的高峰期，他几乎每天都有诗兴袭来，产生了在中国现代诗歌史上极有创造性和地位的诗集《女神》。随着以后灵感状态的消退，郭沫若诗歌的成就再也赶不上《女神》了。

灵感思维的结果是创造性的，创造性的突破也离不开灵感思维。牛顿看到苹果落地而激发出的灵感引发了万有引力定律的发现，大大促进了当时物理学、天文学等学科的发展。达尔文坐在马车里出现的灵感和随后进化论的形成，使我们对人类的起源有了比较科学的认识，对中世纪的神学予以沉重一击。在人类最高深的创造中，无不闪耀着灵感思维的光芒。因此，马克斯·韦伯说："没有灵感，天才的灵感，那他一辈子只能是一块当伙计或办事员的料，永远不会组织创新。"[1]

6. 信息加工的模糊性

按现在信息论的学说，人的思维活动可以看成一个信息加工的过程。在逻辑思维中，虽然我们运用的概念及进行思维的信息也具有模糊性，但那基本上还是清晰的。概念的内涵和外延，逻辑的前提及推理、演绎，归纳的步骤都是在理性指导下进行的。形象思维和灵感思维与逻辑思维比较起来，信息加工的过程相对模糊，特别是灵感思维的模糊性更强，甚至有时人们也说不清楚灵感是怎样突然神奇地降临在自己身上的。

实际上，在现实世界的事物中存在大量的模糊性，许多事物的界限是不分明的。恩格斯早就指出过："绝对分明的和固定不变的界限是和进化论不相容的……"[2] 如"过去、

[1] [德]马克斯·韦伯：《学术作为一种职业》，载《思想家：跨世纪探险》，华东化工学院出版社 1989 年版，第 115 页。

[2] 《马克思恩格斯选集》（第三卷），人民出版社 1972 年版，第 535 页。

现在、未来”之间，并不存在不可逾越的鸿沟。到了 20 世纪六七十年代，系统科学和信息论、控制论的研究进入航天系统、人脑系统，其内部关系的错综复杂，使模糊性的研究形成了一门科学。对人脑的研究表明，人脑的思想和控制都有模糊性和非量化的特点。因此，人们常常用模糊逻辑来思考和推理。

灵感是一种创造力的突然涌现，是一种情感或情绪的高峰体验，灵感者在心里可以感觉到突破的到来，但他不知道思维中的信息是怎么加工的。这里既有直觉的力量，又有内在洞察力的帮助，又可以称为潜意识内觉成果的升华。灵感者的身心都沉浸在激动迷狂的状态中，他不明白心灵是怎样通向创造之路的，只是在整体上捕捉到了问题的关键所在。这种整体的把握又是模糊性的把握，它还不可能对细部做出清晰的认识。这种模糊性的把握与整体的把握有一些相通的地方，在数学上叫“模糊识别”。正是在思维信息加工时的不确定性，才使灵感思维具有了超越原来模式的可能，才有了无限创造的可能性。如果思维的信息加工是清晰的，那么就很难有超出传统的创造性了，也就失去了灵感存在的依据。模糊性具有语言不能完全再现的特点，所以许多人并不能真实地描述自己经历过的灵感。正是在这个意义上才可以说：“思维的过程是无意识的，一个人尽管想要把这些过程告诉你，也办不到。”[1]

灵感的模糊性在于宇宙及人的本质在终极意义上的不可知或神秘主义倾向。所以，灵感的模糊性可能与人的生命本源是联系在一起的，人与人之间、人与自然之间、人与神之间可以产生一种超现实的沟通，但还没有能力在意识的范围内来把握它，因此灵感便显得模糊了。

7. 心理因素的综合性

和抽象思维相比，灵感思维的心理因素更加复杂，具有综合性的特点。抽象思维注重逻辑性，思维中理性占主导地位，对一些心理因素如情感、情绪、潜意识等都起到一定的抑制作用，这样才能在意识领域按照人类已获得的知识进行推论。

在灵感思维中，不仅不排斥诸如情感、情绪、潜意识这样的心理因素，而且往往还十分需要它们。按一般心理学的原理，心理因素包括感觉、知觉、记忆、想象、言语、需要、动机、情感、意志[2]；或把心理因素概括为知、情、意三个方面；弗洛伊德把人的意识分为显意识、前意识和

---

[1] [美]克雷奇等:《心理学纲要》，周先庚等译，文化教育出版社 1980 年版，第 190 页。

[2] 参见[苏]阿·阿·斯米尔诺夫总主编《心理学》，人民教育出版社 1957 年版。

潜意识；荣格把人的心理的深层推及远古人类的神话时代。这些对我们分析灵感都是必需的。灵感思维之所以不同于其他思维，往往正是由多种心理因素造成的。钱学森认为“灵感是综合性的”[1]，比如知识的积累是灵感产生的前提条件，知识积累越广博，越有利于灵感的产生。敏锐的观察、强烈的好奇心、高昂的情绪、坚强的意志等都是灵感产生的心理条件。灵感袭来时，各种意象纷至沓来，以至深刻的思想和突破的成果被包裹在形象之中，或者使人的心理回到原始阶段，或陷入梦幻状态的“迷狂”之中，抽象的公式、哲理、思想转化成类似梦境的形象。这看上去是一种低级心理形式，实际上正是人脑的反映，其中既有理性规导，又有感情的激昂和潜意识的活跃。正是由于这种协调一致的工作，才使真正的突破得以产生，摆脱单纯逻辑推理的限制。

以上我们从几个方面对灵感思维的特征做了论述。这些特征侧重点不同，但表明了灵感思维的总体特征。作为一种思维模式，灵感的特征是多方面的，换一个侧面或角度便会看到它的不同特征。企图以偏概全，或只强调它的非理性，或只强调它的创造性，或只强调它的逻辑性，或

[1] 钱学森：《关于形象思维问题的一封信》，《中国社会科学》1980年第6期。

只强调它的神秘性，都是错误的、不全面的。对灵感思维特征的把握，要从多侧面、多角度采用已知领域的知识，只有这样才能揭示灵感的神秘面纱。

二、灵感思维的功能

我们对灵感思维做了心理原型的探讨，分析了构成灵感的历时态结构，然后又分析了灵感的现时态结构。这种思维形式在长期的人类进化及实践中，构成了整合的统一性。没有神话，也就不会有科学；没有对“万物有灵”的信仰，也不会有对客观事物普遍规律的认识；没有幼稚的信仰神灵，也就没有人能认识自己。原始人的一切思维能力，都为人类以后的全面发展和创造奠定了基础。科学的灵感之根深扎在人类远古的意识深层，在现代人身上则表现为人的“集体无意识”领域和个体的“无意识”领域。

灵感思维能长期存在，并逐渐演化成人类的基本思维模式之一，这与它的功能是密不可分的。人类生活在大自然中，为了与自然斗争，为了自身的生存就要不断创造。人的本质也就在于人的自由创造的无限可能性。人是文化的生物，“文化这一概念的定义就是由人类自身的自由创造性加以创造的。这就是人类赋予文化以多种形式的原因”[1]。人的自由创造的显著特征之一就是人有灵感思维，它为人的自由创造提供了可能。在原始人那里，只是由于意识的偏向而产生了虚幻的神灵、鬼怪及崇拜行为。在科学的灵感中，一个真正的创造便产生了。人类的文明创造史，便是建立在这种思维基础之上的。

在我们对灵感思维的功能进行探讨时，我们有必要把原始灵感思维和科学灵感思维分开来探讨。

（一）原始灵感思维的功能

原始灵感思维指灵感的原型，它是建立在人类原始阶段对超自然的神灵力量的信仰之上，并认为这种超自然力可以通过超自然的方式与之交通。由于神灵存在的地方不同，所以人与神灵交通的方式也就不一样。这是人类最初的世界观，人类用此思维方式看待一切，于是，原始社会的神话、宗教、巫术、仪式等便产生了。

20 世纪 20 年代，以马林诺夫斯基和拉德克利夫-布朗为代表的从功能主义的立场出发的社会人类学兴起。他们通过实地的民族志的调查而创立了自己的理论。马林诺

---

[1] [德]M. 蓝德曼:《哲学人类学》，阎嘉译，工人出版社 1988 年版，第 6 页。

夫斯基强调应该基于对文化各因素的功能联系的和整体的把握，把文化理解为一个统合体。在他们看来，所谓文化，是人类在满足需求的过程中，为了更好地处理所面临的各种问题的手段性的设备；所谓功能，就是满足需求。因为人类的各种需求大部分都要通过社会生活才能满足，于是便从生物学的需求派生出文化性的二次需求。与此对应便产生了经济组织、社会制度、教育、政治制度、魔法和宗教、艺术等。拉德克利夫-布朗则认为，文化是抽象的产物，不能成为直接观察的对象，但是通过人类的行为却可以观察其社会关系。[1] 功能主义注重从整体联系上把握社会和文化，对社会结构和功能的分析，被学术界基本上认为是行之有效的。这对我们的分析有一定的启示作用。

原始灵感思维有四种功能，即社会功能、禁忌功能、解释功能和实用功能。

1. 社会功能

人不仅是文化的生物，而且是社会的生物。马克思对人的本质的定义就是："在其现实性上，它是一切社会关系

[1] 参见［日］石川荣吉主编《现代文化人类学》，周星等译，中国国际广播出版社 1988 年版，第 15—17 页。

的总和。”现代人如此，原始人也如此。在原始社会，已知古人的思想感情都带有灵感的性质。麦克斯·缪勒说：“无论什么地方，最古老的文献几乎都是宗教的。”[1] 从文化现象中反映出的思维形式就是灵感的。这种原始灵感思维，必然对人的社会性做出制约和限制。

当尼安德特人开始埋葬死者，当山顶洞人在死者身旁撒上赤铁粉，原始人类安慰灵魂的方式和仪式已经带有社会功能了。它使一个民族部落更加认识自身的群体特征，更加团结在一起了。随着历史的发展，神话、巫术、仪式、信仰等灵感文化逐渐兴盛，对维护社会、集体无疑起到了极大的作用。有的是为了维护巫师或祭师的权力，有的是为了满足人们支配自然力的欲望，有的是使人产生安全感与信赖感，有的则是为了使个体获得信心和力量。当与环境的抗争和与异族的抗争需要时，当需要维护首领的权威时，都可能借已经具有的神秘的灵感来达到目的。正是由于具有不可否认的社会功能，人类从古到今才不断讲述众神的故事和传说，才有血祭的残酷和礼拜的崇高，人类才制造了那么多神秘、怪诞、残酷的雕刻与图画。

通观人类早期的文明史，社会结构和神圣的精神文化是

[1] ［英］麦克斯·缪勒：《宗教的起源与发展》，金泽译，上海人民出版社 1989 年版，第 3 页。

建立在原始灵感思维基础之上的。神话解释着事物的起源，传说记载着神灵与英雄们的业绩，万事万物背后都有神灵在操纵。人类社会按图腾来组织与划分，巫师、萨满之类的通神之人成了社会的权力占有者。到了国家形成，早期国家的首领大都是可以通神之人或他们自己就被看成神。人们在献祭的仪式中，体会着神灵的存在，加强了灵感文化的传播。

在西班牙和法国发现的洞穴壁画和许多民族的岩画中，无不表现了以巫术求得丰收的灵感场面。在苏美尔人文明中已建有神庙和神像。埃及人的法老本身就被视为太阳神，他们死后都要被制成木乃伊，放在金字塔中，以确保他们的灵魂在另一个世界里的权威。在中美洲的阿兹特克人的信仰中，太阳是最高的神，在春季盛行的献祭中，战俘中的活人被强迫卧于石坛上，祭师以石刀剖胸取心，奉献给太阳神，人体则被分而食之，以补充他们蛋白质的不足。在玛雅文明中，一种神秘的象形文字记载了他们的历法。这种历法把天文观察和朝代的帝王世系相联系，表现了祖先崇拜的特点。在中国远古时代，帝王靠占有通神用的礼器、文字等来树立自己的威严，获得权威。[1]

[1] 参见［美］张光直《美术、神话与祭祀》，辽宁教育出版社 1988 年版；《考古学专题六讲》，文物出版社 1986 年版；《中国青铜时代》，生活·读书·新知三联书店 1988 年版。

原始灵感思维的这种社会功能，最典型的例子就是图腾崇拜。世界许多民族都经历过图腾崇拜阶段。典型的图腾崇拜在澳大利亚的土著中得到完整的保存。因为图腾崇拜不仅是一种信仰，而且形成了一种制度，是一种社会结构，因此又称为图腾制。弗雷泽认为：属于同一图腾的民族成员都深信他们源出于一个共同的祖先，并且有共同的血缘关系，由于共同的信仰和共同的义务感把他们紧紧结合在一起，因此图腾不只是一种宗教信仰，同时也是一种社会结构。社会当迫于环境的压力时，为了维护生态平衡，图腾可能成为被禁杀或禁捕的对象。在另一文化中，人们又可能为分得一块图腾物的肉而获得图腾的力量。在对澳大利亚图腾制的研究中，我们又看到同一图腾内禁止通婚，这就避免了由近亲结婚所带来的种族素质的下降。列维-斯特劳斯对澳大利亚图腾的分类研究，使我们看到图腾制下各个不同的氏族是怎样组成社会及发挥功能的。在古代的印第安人中，这种带有社会制度性质的图腾也得到了完善的发展。

在中国古代，一些处于石器时代的遗物中的图案、纹饰和造型，也具有图腾的背景。在殷商时的青铜器族徽文字中，记载着不少这类图腾形象。在战争中，不同的图腾可结成联盟。如史载黄帝与炎帝大战于阪泉之野，黄帝率熊、罴、貔、貅、豹、虎六兽参战，史家认为这六兽应为六个图腾部落。东方的少昊氏是以不同的鸟来命名他们的部落的。在中国，宗法观念实际上是建立在图腾制的氏族部落观念上的。最早的国家也是按图腾来划分的。有许多图腾还演化成了中国人的姓。因此，建立在原始灵感思维基础之上的图腾崇拜的社会功能是显而易见的。

2. 禁忌功能

原始人认为神灵无时不在，无处不在，而且它们还可以相互感应。神灵也像人一样有好有坏，为了讨好神灵，和神灵和睦相处，人类创造了献祭仪式。原始人在因果关系上还认不清有些事物的本质，就认为是灵在作祟，如疾病、死亡的发生，他们都认为是巫术所致，或是没有遵守某些禁忌导致的。由于害怕某些神秘的灵力，在心理上以为忌讳的和言行上规定为不能说和不能做的就是禁忌。禁忌源于原始灵感思维。他们相信冥冥之中有一种超自然的力量存在，并且这种力量可以左右人们的吉凶祸福，人们为了避免灾祸，保卫自己，便对那些可能带给人厄运的人事产生禁制，这便是禁忌。

在人类社会没有产生法律以前，禁忌就是最古老的无形的法律。禁忌对人类社会产生了巨大影响，正是由这种最早的戒律才使野蛮人从自然状态纳入道德伦理的规范之中，从而为形成和谐平衡的社会奠定基础，为审美的发展铺平道路。

为了维护一个部落的团结，为了巩固巫师、祭师的权力，为了维护生态的平衡，为了防止意外伤害，为了使看上去无法解释的事件（如意外事故、疾病、死亡等）得到合理的解释，人们在原始灵感世界观的指引下，就必然产生禁忌。禁忌使相信它的人深信不疑，从而产生强大的约束力量。弗洛伊德认为："随着文化形态的改变，禁忌则成为一种有它自己基础的力量；同时也慢慢地远离了魔鬼迷信而独立，它逐渐发展成为一种习惯、传统而最后变成了法律。"[1]

弗洛伊德在《图腾与禁忌》一书中，引用弗雷泽等人类学家的材料论证了在一些部族里，青年男子和自己的亲姊妹之间的禁忌。男子长到一定的时候要放在集体中受教育和训练，他们不能回家去见自己的姊妹，偶尔在路上相遇，也要装作没看到，以便回避。在另一些部族中，女婿和丈母娘是绝不能面对面讲话的。弗洛伊德认为，这种禁忌的功能就在于预防乱伦的发生。在印度，过去靠不可接触的禁忌而把种姓分开，当人们触犯了种姓禁忌，比如说一位理发师给比他种姓高的人理了发，那么，在高种姓的

---

[1] ［奥］佛（弗）洛伊德：《图腾与禁忌》，杨庸一译，中国民间文艺出版社1986年版。

人举行法净仪式之前，他都被认为是不洁的。这样就维护了社会的种姓制度。希伯来部落的男子禁止触摸处于月经期以后七天的妇女，这就保证了妇女的卫生和健康。在中国，这种禁忌也特别多。

在世俗领域，禁忌的社会功能是显而易见的。为了使这种禁忌有足以震慑人的力量，在原始灵感的指引下必然使其神圣化，以无处不在的灵力来神化它。这样就使禁忌的功能得以有权威及信仰的力量，使其发挥更好的效能。

3. 解释功能

当人从自身的梦境反思和对外部世界的观察中抽象出“灵”的观念，把它附于万事万物之中，并认为可以通过一定的方式使“灵”相互感应时，灵感思维便产生了。这是人类认识史上的一大发展和飞跃，是人类了不起的一大创造。原始人的知识还相当贫乏，当“灵”的概念产生以后，人们便用它来解释一切，建立了神话哲学。人们企图用灵感思维去解释一切，于是就产生了灵感文化。这满足了原始人最初的求知需要。

当人们用灵感思维的世界观去解释自己所见所闻及思考的成果时，便出现了神话。马克思认为，神话不过是自然力在人头脑中拟人化的结果，实际上它是自然力本身和社会力本身在人头脑中幻想的反映。为什么原始人要把自然力和社会力拟人化呢？因为他们的世界观就是如此。他们把“灵”的力量外化到世界万事万物中去，并企图用“灵”来说明一切。

实际上，神话的这一解释功能是十分明显的。从世界上各民族流传下来的神话看，它们无非是说明宇宙的起源、人类的起源、文化的起源。在这种神话哲学中，一切都被放在神灵信仰的结构体系中得到了解释，这满足了最原始的求知欲。现代神话学的研究已证明了这一点：神话不是发生在仪式以前——如过去认为的仪式不过是为了表现神话的规定——恰恰相反，而是发生在仪式以后，是在叙述更加久远的神奇力量，神话不过是证明神灵的力量而已。人们为什么要有仪式呢？因为那不过是交通神灵以获得灵感的手段。人们相信“灵”的力量，为了影响它就必然要想办法与之相交感，以祈福消灾。

前面我们讲到图腾制，人类以动物甚至植物作为自己的图腾，使图腾具有伟大的力量，人类甘心顶礼膜拜，也是因为他们认为图腾就是自己祖灵的寄身之所。人们崇拜图腾不过是想与祖灵沟通，以获得祖灵的保佑，所以禁忌十分有效。那也正是惧怕神灵惩罚的结果。在这种无处不在的灵感的指引下，一切都可得到合理的解释。假如一个澳大利亚的狩猎者获得了成功，他可以说是他所信仰的神灵保佑着他；如果他没有成功，那一定是神灵不让他成功；如果他遇到了灾难和麻烦，那也一定是神灵对他的惩罚。所以，对于信仰神灵的人来说，一切都可以得到圆满的解答。一旦建立了这种灵感文化，形成的风俗制度中的禁忌就无人敢打破，宗教的信仰就成了神圣的了。

原始灵感思维是建立在人类纯朴的心灵之上的，等到阶级压迫形成以后，本来人人都可以交通神灵的能力被巫师、萨满或帝王所独占，人神之间的中介必然通过特殊的有权力的人来实现。到了宗教系统化以后，人本来的合理信仰就变成了压抑人性的工具，人类所建立的早期的神话哲学异化为异己的力量，宗教成了鸦片，人在顶礼膜拜中失去了本性。

4. 实用功能

原始灵感思维虽是一种信仰，带有宗教的性质，但它在世俗领域具有实用性，可以发挥实用的效力。

比如，一些人类学家对巫医治病的研究表明，虽然萨满自称可通过巫术驱除患病者身上的“灵”是建立在欺骗之上的，因为按无神论的观点，这种“灵”是根本不存在的，但治病却往往获得成功。夸扣特尔人克萨里德最初是一名想要揭露萨满骗术的无神论者。他为了暗中监视萨满并打入他们内部而同他们进行了联系。他当了四年萨满学徒，越来越感到他的治病方法的确有效。[1]另一位精神病专家和人类学家E. 福勒·托里在与非洲巫医一道工作之后得出结论，认为巫医同精神病学家治病使用的是同样的机制和技术，而且获得同样的效果。看来，实际上并不是发生了什么真正的灵感，而是人的心理因素在起作用。研究结果表明，给一种疾病进行命名，医生对病人的病痛深表同情及唤起病人治好病的期望都可以对疾病起到一定的治疗作用。所以，在灵感思维下，人们相信灵力可以强加自身的心理意志，使自身产生力量。正如梅尔恰当地指出的，在几乎不存在对付日常危机尤其是疾病的可靠方法的地方，信仰女巫就不是愚蠢的，而是必不可少的。任何人都不想自己害病，而如果这病是由女巫造成的，那么巫术的对策就能够治好它。[2]

占卜在世界上许多地方曾盛行过，我国殷商时国家的大事都要占卜，要倾听来自神灵的指示。今天的一些人仍相信占卜，他们仍然请人解读自己未来的命运，也有人用丢硬币、掷骰子、抽签等办法来决定自己的行动。占卜是灵感思维的产物。占卜者被视为获取信息的中介。占卜者总是抱着

[1] 参见[美]C. 恩伯、M. 恩伯《文化的变异——现代文化人类学通论》，杜杉杉译，辽宁人民出版社1988年版，第484—485页。

[2] 参见[美]威廉·A. 哈维兰《当代人类学》，王铭铭等译，上海人民出版社1987年版，第520—521页。

对占卜的绝对信念，即使有怀疑，也是怀疑占卜者的水平和能力。在原始灵感思维世界观的指导下，在与神秘的超自然力相联系的社会中，占卜乃是一种寻求信息的有效的方法。

实际上，占卜与所得到的实际结果之间没有任何联系，如龟甲或骨板上的兆纹根本没有告诉人任何来自超自然力的东西，那么人们为什么还在运用呢？奥玛·莫尔解释说：占卜之所以存在一定有某些理由，即有着除了表面上提出问题和解决问题之外的某些“潜在的积极功能”，要不然社会早就将它摒弃了。他认为，在某种情况下，随机策略可能会比以经验为基础的策略更具有适应性。比如说，拉布拉多半岛的纳斯卡皮猎人在狩猎运气不佳时，每隔三四天就去占卜。占卜者把一块驯鹿骨放在火上烤，烤出的痕迹和裂纹就能指出该到哪儿狩猎。这是用随机的方法确定狩猎地点的相当复杂的方法。由于人类很容易形成习惯性的行为模式，他们很可能喜欢按照某种计划去寻找猎物。但是，猎物也可能学会避开按计划行动的猎人。这样一来，任何违反模式或可以预测到的计划都可能对狩猎有利。占卜便提供了这样一个随机策略。[1] 所以，占卜本质上不是什

---

[1] 参见［美］C. 恩伯、M. 恩伯《文化的变异——现代文化人类学通论》，杜杉杉译，辽宁人民出版社 1988 年版，第 492—493 页。

么超自然的力量在起作用，而是数学的排列组合在起作用。由于信仰，人们真诚地相信冥冥世界中的灵力，而其功能则是具有实用性的。

原始灵感思维已包含人类最初对因果律、抽象律的运用。人们施行巫术，不过是想控制自然力，所以弗雷泽认为巫术和科学之间并没有天壤之别，没有巫术，人类也发展不出科学来。列维-布留尔分析原始思维时，称这种思维为原逻辑的、“互渗”的。早期的科学知识正是从灵感文化中产生的，如从神话中产生了哲学、从巫术中产生了医学、从炼金术中产生了实验化学、从占星术中产生了几何学和天文学。经过千万年的实践，当人们从无处不在的灵力中解脱出来，用事物本身来说明事物时，科学就产生了。

（二）科学灵感思维的功能

科学灵感思维，即现代意义上的灵感思维。原始人由于对人脑的创造性过程不理解，故把人的创造性思维归为神灵，并把它看成神灵感应的结果。神灵是不存在的，因此还要从人自身来找原因。科学灵感思维的功能与它的特征是密不可分的，因为正是它的特征体现了它的功能。科学灵感思维的功能有三条：一是创造功能，二是顿悟功能，三是“迷狂”功能。

1. 创造功能

人类文明史就是一部发明创造史，没有人类的发明创造就没有人类的文化，就没有人类的科学技术知识。人类的创造性构成了人类的本质要素之一。人类在漫长的历史中创造了石器、火、陶器、青铜器、铁器，乃至现在的进化论、相对论、原子武器。这些发明创造与人类的灵感思维是密不可分的。科学的灵感思维，正导致了人类创造功能的实现。

创造就是对旧模式的冲破，就是新的发明，就是要产生出原来没有的东西，这正是灵感思维的特征。凡是创造性突破，大都有科学的灵感在起作用。灵感思维的最大功能就在于它的创造性。在人类漫长的历史中，过去往往把创造归于神灵。这是人类对自己不了解的结果，是原始灵感观的产物。我们分析创造神话，从中也可找到灵感思维的蛛丝马迹。

在中国古代有燧人氏发明火的神话传说。《拾遗记》载：“遂明国不识四时昼夜，有火树名遂木，屈盘万顷。后世有圣人，游日月之外，至于其国，息此树下。有鸟若鸮，啄树则灿然火出。圣人感焉，因用小枝钻火，号燧人。”这个记载带有典型的神话色彩，剔除神秘主义的迷雾，做历史的还原，则会看到其合理的内核。发明火的燧人氏看到鸮鸟啄燧木，发出灿然的火花，受到启发，自己也学着用某种利器钻木头，终于产生出火花来。这里包含着外物触发式的灵感思维。燧人氏正是从两物相击迸发出火花的现象中得到启示，激发了灵感，从而发明了钻木取火。

在中国古代神话传说中还有伏羲画八卦、仓颉造字的记载，也可说明灵感思维的创造功能。《史记·补三皇本纪》载："（伏羲）仰则观象于天，俯则观法于地；旁观鸟兽之文，与地之宜，近取诸身，远取诸物，始画八卦，以通神明之德，以类万物之情。"可见八卦是通过仰视天象、俯视地法而产生触发式灵感思维所创造的。流传更广的"仓颉造字"的故事也是如此。传说仓颉是黄帝时的史官，他"穷天地之变，仰观奎星圆曲之势，俯察龟文鸟羽山川，指掌而创文字"，以至惊动了天地鬼神，从天上降下粟米雨，鬼神也跟着哭泣。[1]这说明文字也是受了星象、乌龟、指纹等的启发而创造出来的。

文字的发明极大地推动了人类历史的进步。恩格斯指出："从铁矿的冶炼开始，并由文字的发明及其应用于文献

[1] 《淮南子·本经训》："昔者仓颉作书，而天雨粟，鬼夜哭。"

记录而过渡到文明时代。”[1]但对文字是怎样发明出来的人类已无从研究，只是从神话传说中透露一点信息。从以上引用的神话中，可以体现灵感思维的创造性。但由于当时人的世界观，便有“以通神明之德”的说法，这正是原始人的灵感思维的表现。

随着人类远离神话时代，科学技术的发展催生了更多的发明创造，人类对自身的创造性才有一定的认识。对科学史和艺术创造的研究证明，灵感思维的创造性功能是显而易见的。无论是牛顿发现万有引力定律、爱因斯坦发现相对论，还是达尔文提出进化论或托尔斯泰、罗曼·罗兰创作的小说，其中灵感思维都在发挥着不可或缺的作用。也可以说正是由于灵感的产生，才使经受灵感的人发挥了极大的创造性，从而创立了新的学说，做出了划时代的发现，或创作了无与伦比的伟大作品。

2. 顿悟功能

有时灵感的产生并不一定引发重大的科学发现或取得重大的突破，而是在某些方面产生局部的领悟，这种领悟

[1] [德]恩格斯:《家庭、私有制和国家的起源》，载《马克思恩格斯选集》(第四卷)，人民出版社 1972 年版，第 21 页。

在程度上稍微低一些。我们把灵感中产生的突然领悟称为顿悟功能。

顿悟是一种突然领悟的心理状态，灵感思维中经常会产生这种心理状态。顿悟是对长期关注问题的一种直接的领悟，或是一种直觉。它不需要逻辑的推理，所得到的启示是突如其来的、出乎意料的。顿悟者对结果的真理性有一种本能的信念，但并没有意识到这种忽然领悟是如何产生的，也无法进行具体的反思，并且从最初的前提到发现的过程具有非同寻常的灵活性及不可思议的简单性和迅速性。

中国古代佛教哲学就提倡这种思维方法。禅宗倡导“顿悟成佛”。他们主张以直觉的方法去领悟佛道，豁然贯通，便成正觉，一下子掌握了全部的真谛。这种思维方法被文艺家所用，于是就有以禅喻诗的盛行。因为文艺家在进行创作时，最需要灵感所产生的顿悟，这样才能在貌似平常的事物中发现生活的底蕴。于是，灵感思维产生的顿悟功能就成了文艺家追求的目标。他们有的隐居名山，寄情山水；有的持剑远游，笑傲江湖；有的骑驴觅诗，寻找佳句；有的捻须苦吟，以求妙语。他们无非是想通过这种种行为寻求和自然的契合，激发自己的灵感，以创作出绝妙的作品。

在科学创造中，灵感的顿悟功能也屡见不鲜。有时，这种顿悟还会多次发生，以至长期不能解决的问题便迎刃而解了。

3.“迷狂”功能

灵感思维还会使心理陷入一种“迷狂”状态。这里的“迷狂”是借用了柏拉图的术语，意指在灵感袭来时，一些与灵感无关的心理因素都受到了抑制，而灵感的因素则被激活，使心理处在高度兴奋之中，全身心都沉浸于主题之中。过去对诗人的这种迷狂功能不能做出科学的解释，所以柏拉图便把它奉献给了“神赐”“着魔于神”。柏拉图的观点是当时信仰的产物。

在艺术灵感中，心理的迷狂是极为普遍的现象。迷狂绝不是什么神灵附体、代神说话，而是一种创作时的心态。当诗人被现实感发时，必然使他的情感激越，想象飞腾，全身心都陷入诗的幻想的境界之中，这样才能使诗人笔下的形象鲜活起来。天上地下，旷古今世，风花雪月，花鸟虫鱼，都直达笔底。

正是由于艺术创作的情感活动，才使经历它的人看上去陷入了迷狂。宗白华在回忆自己的《流云小诗》时，认为他的诗多半是在这样的心态下写出的。[1] 由于艺术的情感

[1] 参见宗白华《美学散步》，上海人民出版社 1981 年版，第 242 页。

特别强烈，于是就会表现出种种奇怪的动作和表情。如郭沫若和歌德在每逢灵感袭来写诗时手都在颤抖；福楼拜写作入神时，脸上、额上都是汗水，身上肌肉突起，就像在竞技场上一般。

在美学中有“移情说”，认为人类把自身的情感转移到客观事物上去是审美的根源。这对我们理解“迷狂”的心理有一定的启发。从某种程度上来说，“迷狂”的心态，也正是一种移情的结果。在艺术创作上想象和幻想都有一定的作用，灵感中的迷狂，也类似于这种创造性的想象，不过，它比单纯的想象来得更突然、更强烈。在这种迷狂状态下创作的艺术作品，能达到主客体的和谐统一。中国古代有“意境”的美学理论，“意境”的创造也能体现灵感的迷狂。

总之，灵感思维的创造功能、顿悟功能和“迷狂”功能，最能体现灵感的特征。三者是紧密相连的，有时表现为一个事物的不同侧面；三者又有所不同，至少在思维的结果和程度上不同。表现在不同的领域，灵感的功能也有所侧重。如在科学的灵感思维中，创造发明的功能强一些，但迷狂的功能就不如艺术灵感来得强烈，这是因为科学需要冷静理性的指导和规范，虽然科学发现也是对旧逻辑的冲破，但它仍需要理性来规范。在日常生活中，灵感思维的顿悟功能强一些，随着生活阅历的增加，会不断对人生有所感悟，对信仰宗教的人来讲就是不断觉悟。在艺术创作中，灵感的功能往往使艺术家陷入心理的迷狂，实际上是捕捉到了绝妙的构思或沉溺于创作的心境中。

第七章

灵感思维与潜意识

承认无意识的精神过程，就是向世界和科学的新方向迈进了决定的一步；就是肯定精神过程本身都是无意识的，而那些有意识的精神过程只不过是一些孤立的运作和整个精神生活的局部。

——［奥］弗洛伊德《精神分析引论》

无意识是创造的标记，而有意识充其量也只不过是机械的粗制滥造的标记而已。

——［英］卡莱尔

在某种创造性的时刻，内觉直接变成了语言或某种视觉艺术（比如一幅画或一件雕刻）。我们因此说这是“直觉”或“灵感”。

——［美］S. 阿瑞提《创造的秘密》

在第五章我们曾提出了一个灵感思维的结构模式。从创造性的四个阶段上，从宏观哲学的整体观上论述了灵感思维的产生是必要的，同时又是笼统的，因为任何解决问题的过程都是在时间中进行的，都经历了相同的过程。灵感思维的发生不能仅仅停留在一个哲学宏观的结构模式考察上。灵感的主要特征体现在它的突发性上，灵感思维的突然涌现是一种潜意识内觉成果的升华。要真正揭开灵感的秘密，必须要从深层心理学上来进行。在这方面，弗洛伊德创立的精神分析学说及他的追随者们对其理论的进一步阐发，给我们探讨问题提供了一个理论的前提。当然，关于精神分析学说充满着各种各样的误解。我们同意 H. 奥斯本在《论灵感》中提出的观点："我现在希望从无意识的理论中提出一种修改了看法的灵感理论，这种理论既无损于无意识理论的优点，又不受它生硬而难以置信的影响。"[1]下面我们将展开这方面的探讨。如果说结构模式的考察的确可以看成哲学宏观上的考察的话，那么对潜意识工作的分析则是从微观心理学上进行的。

[1]　[英] H. 奥斯本：《论灵感》，《国外社会科学》1979 年第 2 期，第 88 页。

一、潜意识的构成

弗洛伊德创立的精神分析学说是20世纪影响巨大的学说之一，它对哲学、心理学、文学、艺术，甚至对人类学、美学等的影响极为深远。它不仅为精神医学做出了新的贡献，而且在通往真正的“人的了解”的道路上开启了一扇大门，打破了“理性支配人类行为”的观念。在对灵感思维研究的影响上，它也是划时代的。如前所说，灵感的研究和阐发走过了一条古代神秘主义、近代天才论及现代无意识论的道路。弗洛伊德曾把他的学说和哥白尼、达尔文的发现并列，但也有人把他的学说看作痴人说梦，完全建立在虚构之上，近似怪诞的神话小说，更有甚者认为他的学说是资产阶级意识形态腐朽没落的大杂烩。

精神分析之所以如此震撼人心、影响深远、毁誉空前，主要在于它揭露了人们心理上“潜意识”的存在，并把性作为人心理动力的基础。原来自以为理性可以战胜一切、创造一切的人类，在思想情感和行为上还不能够完全控制。潜意识的原始欲望，竟不知不觉地操纵着我们的精神活动，甚至人类最有创造性的灵感也扎根在潜意识之中，这是多么惊人的学说。

当我们考察了精神分析学说的历史渊源，发现实际上这种观点也不完全是弗洛伊德独自创造出来的。在他以前和他以后，无论在哲学和心理学中都有类似的看法。据古希腊历史学家记载，当时有一个叫奥瑞图·安提翁的人认为人类的情绪困扰就是因为人心中潜藏着的忧虑感，安提翁还在柯林斯市场成立了一个“办事处”，想通过交谈来去除人们的心理障碍。这也许就是最早的精神分析了。从哲学—心理学的渊源上，我们可以看到谢林、叔本华、尼采、克罗齐、比奈（法国实验心理学家）、勒庞（法国心理学家）对弗洛伊德的理论的影响。谢林认为，艺术具有有意识的和无意识的两重性质，创造性的直觉是创作的重要因素，艺术作品是“有意识的和无意识的活动的一种统一”。叔本华则想复活柏拉图的顿悟和灵感的学说，他确定“真正的智慧——这是一种直觉的、而非抽象的东西”。尼采在《权力意志》中则说：“意识起着第二位作用，它甚至是冷漠的，多余的，可能注定要消失而让位给最完全的无意识性。”这听起来像弗洛伊德的格言。从心理学去追溯，精神分析学的胚胎可以上溯到 16 世纪法国思想家、散文家蒙田写的《经验》一书。在德国浪漫派的理论遗产中，也有类似的理论。

不过，创造潜意识的系统理论，并使这一学说影响如此之大，还应归功于弗洛伊德。他既是以往这些学说的集大成者，又是一个新的开拓者。弗洛伊德在年轻时曾由于好奇心而去学医，然而他的好奇心绝不是去学医，而是大半放在人的关系……甚至人的目的上。在维也纳医学院里，弗洛伊德对有关人脑及神经系统的著作特别感兴趣。在巴黎和柏林，他学到更多治疗情绪疾病的新方法，并集中全力于利用催眠来治疗歇斯底里病患者。在长期的临床经验的基础上，弗洛伊德通过研究非正常人的心理而发现了人类心理的奥秘。他在1900年出版了《梦的解析》，这成了精神分析思想史上的一个里程碑。但在出版后的8年里才卖出600本。1901年，弗洛伊德又出版了《日常生活的心理分析》。这两部书从日常生活和梦上阐明了“潜意识之存在”。它们和《性学三论》一起构成了精神分析的理论基石。正像弗洛姆所认为的那样，并不是弗洛伊德第一个发现了潜意识的现象，“但弗洛伊德却第一个以这种发现为中心建立了心理学体系，他深入细致地研究了潜意识现象，取得了惊人的成果”。

弗洛伊德把人的心理历程分为三层：上层为意识，中层为前意识，底层为潜意识，这构成了他的深度心理学。什么是心理呢？弗洛伊德认为，心理是包含各种感觉、思想和愿望的一个过程。当然，他的定义必然包括了这个观念——潜意识里的思想和愿望，也是心理活动的一部分。“心理”可以解释成“大脑用情绪、象征、过程和观念制造出的所有产品”。什么是意识呢？意识就是我们能够认知的心理部分。它与脑或心脏不同，不能在人们的肉体上占一个位置，它属于人格的一部分。我们知道它，且能控制它，它是我们保持正常生活的心理部分。意识，就像一个复杂而庞大的文件系统，它包含我们所知道的一切消息、观念和感觉。但是，意识只占了整个人格的极小部分。它像马铃薯的皮一样明显易见，而在皮的下面，还隐藏着马铃薯最重要的部分。它也像浮在海平面上的冰山，在海平面以下隐藏着巨大的母体。同样，意识之下也埋藏着其他重要的心理原型部分。什么是前意识呢？弗洛伊德认为一个观念的意识是转瞬即逝的，但是消逝了的观念有需要时可以再成为意识，或者说就是可以复现的记忆，这就是前意识。它的功能就是在意识和无意识之间从事警戒。那什么是潜意识呢？弗洛伊德说："一种历程若活动于某一时间内，而在那一时间之间我们又无所觉，我们便称这种历程为潜意识。"他认为潜意识是一种特殊的精神状态和心理过程。它在每个人的身上构成了最大、最有力的部分。它是一个固定而活跃的心理程序的"发电厂"。我们通常不晓得它的存在。这个人类心理的决定性部分没有时间感、地点感和是非感，它像一个不受管教的孩子一样，只遵循快乐原则，满足自己的需要，而不过问其他。潜意识藏有我们童年的大略记忆——这些是我们以为早已遗忘了的，其实并不真的如此。它还包括我们自己感觉到的秘密、怨恨、爱及某些强烈而原始的热情和欲望，这些感觉多半令人不快，并且不被多数人的生活法则所接纳，还隐藏着各种“既令人惊奇而又令人迷惑不解”的精神活动。于是，它们受到压抑而离开了意识的范畴，它们被深深埋藏在潜意识里。因此，一般人并不知道自己的身上居然还有这些不道德的观念和欲望。潜意识不仅是我们过去经验的仓库，还是人们行动的总指挥。我们醒着的时候，潜意识因素大大影响我们的日常生活，影响我们思考、感觉和行动的方式，在夜间它又出现在我们的梦里。

弗洛伊德关于意识、前意识、潜意识的划分可用下图来标示：

图中，在意识和前意识之间用虚线隔开，表明意识只是前意识的一部分，从意识到前意识，从前意识到意识只是一转手之间的事；而前意识和潜意识之间则用实线表示，表明前意识与潜意识和意识之间界限分明而且防守严密。

在早期的理论中，弗洛伊德把这种防守作用称为检查作用。在后期的理论中，他又用“本我”“自我”与“超我”来与意识、前意识和潜意识相对应，建立了他的关于人格理论的学说。

因此可以看出，潜意识是精神分析学说的出发点，也是它的理论基石之一，组成潜意识的是已被遗忘的童年经验与印象，还有与生俱来的本能及把现代人和史前时代祖先联系起来的回忆。后一点直接启发了荣格，荣格在他的一些著作中对此做了深刻的阐发，形成他的“集体无意识”理论。在以后的精神分析学的发展中，无论产生怎样的变化，潜意识的理论都没有被放弃。因此，承认与不承认潜意识的作用，就成了西方划分精神分析学派的分界线。

弗洛伊德不仅研究了那些精神不正常的患者，而且他对人类所创造的文化及文化创造的动力进行了认真的探索。这使他的学说超越了狭隘的病理学而不断走向哲学化。这一过程，越往后越鲜明。虽然他反对将精神分析看成哲学，但晚年他又不得不承认，精神病介于医学与哲学之间。弗洛伊德运用“潜意识”理论来透视人类的创造力及文化，企图创立他的文化哲学。他毕生“不停地思考着文化之谜，以及文化的成就，希望从中探寻到理解人类及其成果的基本线索”。在弗洛伊德的办公室里，摆着他收集来的各种古董。他常把那最能引发灵感的古董放在他的桌子上，过一段时间再换一件，他把自己时时置身于文化之中，努力去思考文化创造的秘密。他写过许多论文及著作来谈文化问题，如《米开朗基罗的摩西》《创作家与白日梦》《摩西与一神教》《目前对战争与死亡的看法》《文明及其不满》《图腾与禁忌》等。他还分析过达·芬奇、歌德的创作及古希腊的神话、莎士比亚的戏剧，等等。尽管许多人不能容忍弗洛伊德对文化的研究方法和结论，把它看成不顾事实的幻想的产物，但西方也有些马克思主义学者在对他的学说进行批判的同时，也给予一定的积极的评论。

我们认为，尽管弗洛伊德在一系列论著中对文化创造的结论是值得怀疑的，但他的著作给人们以极大的启示，他的著作显示了一种对创造的心理动力的关心，这种关心足以启发我们从深层心理学的角度来研究灵感之谜和创造之谜。"他带来了一次能导致更好地理解创造过程形式心理机制的重大突破。"他研究创造力不过是为了证明潜意识过程特别是潜意识动机的重要性。

弗洛伊德把潜意识中的"力必多"的升华或转移看作人类文化创造的动力。他认为，当人的能力在正常的活动中没有耗尽时就转移和投入事业的追求中去，性的升华就成了创造者灵感的源泉。例如，弗洛伊德把文学创作看作白日梦，只有没有得到满足的人才会有幻想和白日梦，感到满足的人不会有。未能满足的愿望是产生灵感背后的驱动力。

弗洛伊德认为，当意识和理智放松了对潜意识的控制时灵感就自然而然地出现。他在《自传》中写道："艺术家就像一个患有精神病的人那样从一个他们不满意的现实中退缩下来，钻进了他自己的想象力所创造的世界中。但艺术家不同于精神病患者，因为艺术家知道如何去寻找那条回去的道路，而再度把握现实。他的创作，即艺术作品，是无意识的愿望获得一种假想的满足。"弗洛伊德对一件艺术作品的分析基本上是采取与创造过程相逆转的方法，这样在对古希腊悲剧《俄狄浦斯王》与莎士比亚戏剧《哈姆雷特》的分析中就创立了他的"俄狄浦斯情结"（恋母情结）的理论。他分析了达·芬奇的自传材料，认为《蒙娜丽莎》中的神秘微笑就是达·芬奇对此情结的象征表现。

尽管弗洛伊德的理论影响深远，但西方的一些精神分析学派的理论家们也难以接受他关于创造力的理论，因为它太玄秘了，完全是虚构的，无法被证实，犹如神话。他的"力必多"的概念，也遭到了众多的指责和嘲讽，以至H. 奥斯本在《论灵感》一文中也把它视为"不可信"。甚至精神分析学的"王子"、弗洛伊德的大弟子荣格都不能完全接受他的学说。荣格后来不得不背弃老师而另外创造出集体无意识的理论，这对灵感思维的影响也是巨大的。

荣格认为，创造过程至少是艺术灵感以两种方式来发生的，即心理学的和幻想的。在心理学的方式中，创造产品的内容来自人的意识范围，意识体现了广大范围内的人类经验。这种方式使材料服从于直接的、有意识的和有目的的要求。在幻想的方式中，涉及荣格的理论中更深刻的内容。它不是来自生活的课程，而是来自超时间的深层，来自荣格所说的"集体无意识"。这种集体无意识是在世代进程中反复发生的原始模型—原始经验的储存。这种原始模型可以超越人的理解，它们可以是多方面的、有魔力的和怪异的。因此，灵感思维是由原型的无意识活力所构成的。

在艺术灵感中，伟大的作品超越了生活经验和个人，超越了创造者生活的那个时代。灵感唤起了集体无意当中占统治地位的丰富体验，促使了原型的重新浮现，引导着它进入一个有着古老根源的神秘世界。就像潜意识中的"力必多"成了弗洛伊德灵感理论的基础一样，集体无意识的概念则成了荣格灵感观的基础。荣格看到了灵感思维中重新唤起原型的巨大作用，但他又把它归为人类永远无法摆脱的梦魇般的东西，而灵感思维的特征恰恰在于它是创造性的。

精神分析几经变异，在美国演化出人本主义心理学，其代表人物是亚伯拉罕·马斯洛。马斯洛的学说与弗洛伊德学派和非行为主义学派分道扬镳，既反对弗洛伊德学派仅以病态的人作为研究对象，把人看成受本能的役使，也反对行为主义学派把人看作物理的、化学的客体。因此，他提出心理学家应该研究人类中的出类拔萃之辈。他亲自研究了像爱因斯坦、斯宾诺莎、林肯、歌德、贝多芬、惠特曼、弗洛伊德等48位极有创造性的人物。他把这些“自我实现的人”和“人类的潜力”进行研究，认为人除了有一个不健康的潜意识外，还有一个健康的潜意识。他更注意人的健康的、乐观的、爱的力量在灵感中的作用。他在分析了爵士乐和孩子式即兴创作后认为：“伟大的作品需要伟大的天才……伟大的作品不仅要求思想的闪光、灵感、高峰体验，而且也要求艰苦的劳动、长期的训练、不客气的批评，以及完美的规范。换句话说，继自发性之后是深思熟虑，继完全认可之后是批评，继直觉之后而来的严密的思维，继大胆之后而来的是谨慎，继幻想和想象之后而来的是现实的考虑。”

他认为，灵感就是突然的思想闪现，是一种高峰体验。当这种“原初过程”以后已经进入“二级过程”，“那么，自愿复归我们的底蕴现在就结束了，必要的灵感或高峰体验的被动性和感受性，现在就必须让位给主动性、控制及艰苦劳动了。在一个人的身上，高峰体验是偶然发生的，但伟大的产品则是这个人创造的”。马斯洛把那种出自原初过程，并且应用原初过程多于应用二级过程的创造称为“原初创造力”，而把那种多半以二级思维过程为基础的创造力称为“二级创造力”。二级创造的类型包含世界产生成果的一大部分，如桥梁、房屋、新的机动车，甚至许多科学实验和许多文学作品，都在其中。所有这一切，本质上都是提炼和发展他人的思想。而从原初过程到二级过程相互作用的创造力，被马斯洛称为“整合的创造力”。伟大的艺术、哲学及科学产品的出现，正是来自这种整合的创造力。在马斯洛的灵感观中，我们又看到一种对灵感中所含有的理性内容的强调。

在新弗洛伊德学派中，也存在一种修正了的潜意识观点。美国心理学家沙赫特认为，有创造力的人并不会牢牢记着由社会提供的陈词滥调，而是易于感受新的经验。创造者的新方式是向世界开放的结果。他写道：“导致创造体验的那种不期而遇主要是在于相遇时刻的开放状态，存在于反复多样地向着目标靠近，存在于注意、思维、情感知觉的自由而开放的活动之中。”这种理论虽然描述了灵感者的某些一般态度，但并没有解释灵感爆发的内在力量或机制。

在法国，心理分析学派的拉康指出了神话学在弗洛伊德学说中的地位，并阐明了弗洛伊德发现的实质——语言在文化中的功用。拉康的理论可以表述为两点：潜意识的东西是像语言那样构成的；主体的潜意识的东西就是“另一个人”的言语。其中每一点都同潜意识概念有关，都同潜意识的东西对语言和对主体概念的关系有关。

拉康把潜意识领域与人的语言符号表达联系起来的观点，对我们研究灵感思维是很有意义的。它修正了弗洛伊德关于潜意识是由童年被遗忘了的记忆、被压抑的性意识及现代人对祖先的回忆的观点，把潜意识看成像语言那样构成的，实际上就是揭示了语言的隐喻象征作用。这一点又类似弗洛伊德所描述的梦的两个基本规律——缩聚和易位，而这恰恰是灵感思维的重要的心理特征之一。

以上是我们对弗洛伊德、荣格、马斯洛、拉康等人对潜意识的分析，把他们对灵感思维的看法做了简要的阐述，从精神分析学的创始直到它的几种重要的演变流派做了概要的介绍。可以看到，尽管我们把灵感思维看成潜意识思维成果的升华，但潜意识是怎样组成与工作的、潜意识存在的动力是什么还存在极大的分歧。尽管心理分析学对深层探讨灵感思维提供了可资借鉴的理论和方法，但这种方法存在的问题也是显而易见的。心理分析很少去注意社会关系，它们不了解这些关系如何决定着主观经验。因此，我们在利用精神分析学的遗产时，有必要对它们进行马克思主义的改造。

二、“内觉”与灵感思维

对于以上种种看上去毫不相干的潜意识学说及其与灵感的关系，我们究竟应怎样看待呢？正如恩格斯所指出的：“只要自然科学在思维着，它的发展形式就是假说。”这些形形色色的学说，都是从不同角度对人类潜意识的一种描述或概括。研究方法不同，可能就产生一种新的理论。换一个角度来看同一个问题，便会呈现不同的面貌。事物总是复杂的、多方面的，所以以上理论都是建立在作者从不同角度思考问题的结果，这些基本上都是一些假设。而且按他们的要求，也都可以被他们的实践所证明。所以，这些观点具有相对的合理性。

现代哲学人类学的理论证明，人类是一个生物的存在，他有一个生物的前提，因此必然受生物学的影响，如DNA、荷尔蒙的存在，这在生物学上是早已被证明了的。生物学决定凡生物必将死亡，那么作为生物的人也必然如此，而这种生物性对人的心理影响也是客观的和必然的。人类又是一个历史的存在和文化的存在。因为人类有自己的发展史，有从野蛮向文明演化的历史。人类靠创造文化促进自己的发展，所以远古的思维、风格、习惯，当然要保留在现代人的意识及潜意识中，关键在于这种“集体无意识”是先天的，还是后天的。荣格的理论无疑有迷人的色彩和极大的诱惑力，但仅仅靠回归人的集体无意识就可以产生具有高度创造性的灵感吗？灵感的来源仅仅是祖先意识在后代身上的涌现吗？

历史唯物主义更重视后天的培养、学习，中国古代论灵感的来源大多走的这条路。如果没有社会生活，那么一个人无论如何也难产生灵感。文化的发展，使人不可能离群索居，即使像鲁滨孙那样不得不独自生活的人，也要与人类社会有着千丝万缕的联系。现实的人带着他的生物性及从祖先那里遗传下来的种种特征，赤裸裸地来到这个世界上，便与母亲发生关系，更与由人类所组成的社会发生关系，人类创造的一切文化都会境遇式地作用于他。年幼时他听着父母讲述祖先留下来的传说、神话，小人书中也画着各种神怪，学校也是在教授一代又一代积累起的知识。当这个人长大后，什么样的社会环境便创造了什么样的人。生长在还处在图腾部落中的人，不可能去理解美国的民主制，生活在大都市中的美国人也不可能马上理解图腾仪式的庄严和巫术舞蹈的沉醉。所以，人类又是传统的存在，人在本源上不可能超越他生活着的对他产生极大影响的传统。这就是荣格所说的集体无意识吗？问题在于，对一个人起决定作用的并不仅仅是先天的心理结构模式，而恰恰是后天的文化。

我们不能否定生物性对我们的影响，所以“力必多”

及与生俱来的心理能力是构成潜意识的一个方面。我们也不能否定社会文化、传统观念及后天的训练对我们的影响，所以荣格、马斯洛等人的看法仍对我们对潜意识的看法有启示作用。

我们试图站在更高的层次上对潜意识进行理论的概括。我们认为，组成人类潜意识的东西是在一定的生物及文化背景基础上，在社会文化实践中所感受到的一切有形或无形的知识。潜意识就是人在社会实践中积累知识的集聚之所。这里有先天的因素，直接和人的进化过程与原始意念相连属，也就是有些理论家认为的人类存在的先天的心理结构，但其中绝大部分是后天社会化的结果。如果过于注重先天因素就是天才论，如果认为人类在先天素质方面都是同一的也是错误的，我们不能否认像马克思、爱因斯坦这样先天素质极好的天才人物的存在。

用现代哲学精神对潜意识学说进行改造，将会看到潜意识也是主体对客体的反映，是人脑经过进化所产生的特殊物质的机能。我们把意识视为人类可以在理性上感觉到的并且直接接受人体各部分信息的能力；而把潜意识看作不能被理性把握的、不能驱使肢体的，但可以间接接受人体各部位信息的能力；把灵感看作潜意识内觉的升华。这样，就必须考察潜意识和意识的相互关系。现代实验心理学表明，人脑中的潜意识活动是客观存在的。人们可以在潜意识水平上处理所见到的形象。它能阻滞来自客观的大多数刺激，而让少数几种有选择的刺激信息通向显意识。潜意识在接受、加工、储存、处理信息上，在活动方式和功能上都存在区别于显意识的个性特征。

人类不仅存在潜意识，还存在“潜意识的推论”，这是一种未被意识到的特殊推论。这可能是人脑内在知觉信息与经验信息加以辨识、匹配、映射的一种重新建构活动，这种建构是由多因素、多层次、多结构、多功能组成的系统整合过程，并且与脑神经系统的功能相互制约。S. 阿瑞提称之为“无定形认识：内觉”，它是一种非表现性的认识——不能作形象、语词、思维或任何运用表达出来的一种认识。由于它发生在个人的内心之中，因此，阿瑞提把这种特殊的机能称作“内觉”(这个词是从希腊文演变而来，有“内部”之意)，用来把它和概念相区别。因此，有些学者把内觉也称为非语言的、无意识的或前意识的认识。内觉是对过去的事物与运动所产生的经验、知觉、记忆和意象的一种原始的组织。这些先前的经验受到了抑制而不能达于意识，但继续产生间接的影响。内觉虽然超越了意象阶段，但由于它不能再现任何类似知觉的形象，因此不易被认识到。同样，它也不能导致直接的运动，不能转化为语词的表达而停留在前语词水平。它虽然含有情感成分，但并不能发展为明确的情绪感受。“内觉不能与他人共享”，

“内觉的内容只有在被转化为其他水平的表现形式时才能被传达给别人，比如说转为语词、音乐、图画，等等。”[1] 有的时候，一个人会把内觉当成感受到了一种气氛、一种意象、一种不可解或不能用语言表达的“整体”，体验到一种类似弗洛伊德所说的“无边无际”的感受。

当内觉体验的成果突然涌现并进入显意识后，我们就称之为获得了灵感。S. 阿瑞提说，在某种创造性的时刻，内觉直接变成了语言或某种视觉艺术，我们因此说这是“直觉”或灵感。“不过我们必须记住，‘直觉’和‘灵感’并不是仅仅从内觉当中产生的。在内觉和产生出创造产品的‘灵感’之间可能有很多中介阶段。”[2] 有创造力的人通常要逃避不定的或所谓正常的秩序体系。他感到了概念秩序中的毛病和缺陷，他让自己的一部分精神活动回复到无定形认识阶段，回复到一个模糊不定的、含混不清的大熔炉里，并在那里进行着不规则的意料不到的变化。一位艺术家捕捉到了内觉的一些基本结构，我们就说他得到了顿悟，在艺术创作时便完成了艺术作品的构思，而科学家则几乎可以感觉到自己的研究课题面临重大的突破。紧接着的便

[1] ［美］S. 阿瑞提：《创造的秘密》，钱岗南译，辽宁人民出版社 1987 年版，第 69 页。

[2] ［美］S. 阿瑞提：《创造的秘密》，钱岗南译，辽宁人民出版社 1987 年版，第 77 页。

是调整思想或者说去进一步地验证它。实际上这是用创造的产品给予内觉一个表现形式，没有这种表现形式，内觉就无法传达出来。在艺术中，音乐和抽象的视觉艺术最能靠近内觉认识阶段。音乐并不总是模仿飞瀑流泉或鸟鸣虫唱，抽象艺术中的色、形、线并不是现实任何自然物的再现，而是企图直观表现艺术家的内觉。

尼采的著名作品《查拉图斯特拉如是说》，便是从这种类似音乐的内觉中产生出来的。1883 年 2 月的一天，在意大利维琴察附近一个叫雷科罗的小村庄里，尼采“从对于音乐所产生的那种突发的深刻的决定性转变中”体验到一种他称之为“预兆”的感觉。那天他发现，“音乐的长生鸟在我们的头顶上盘旋，装饰着比以往任何时候都更加美丽更加闪亮的羽毛”。当时尼采还没有形成“查拉图斯特拉”的观念，但他已深深地感受到了它的巨大的内涵，在沉思了几个月以后，他才得以把这部作品表现出来。

有时内觉片段可以以梦的形式表现，有时又表现为幻想。当表现为易于把握的形象时，就能立刻被创造出来。有时表现得朦胧模糊，处在飘忽不定的状态。不少艺术家都有这种经验，小说中的主人公或剧中的主要情节，是从内心蓦地出现的一种幻景。随后的创作便是以这一景象为中心构成的，如前面讲到的罗曼·罗兰创作《约翰·克利斯朵夫》、托尔斯泰创作《哈泽·穆拉特》。不过，内觉是以无意识的状态围绕着这个形象或这个情节的，而整部小说或戏剧则是对内觉的一种外在的物化。有时内觉的激活是靠现实生活激发的。

再举两个例子。亨利·詹姆斯把他创作《波音敦的珍藏品》的胚芽优美地描述为像一粒“微小的种子，一粒无意中被邻居的某件事所偶然提示而瞬息出现又随风飘落的种子”。他妻子谈到她所认识的夫人，这位夫人为了家具的所有权与她的儿子处在一场诉讼之中，而家具是这位年轻儿子的父亲死后留下的。这就是一棵胚芽。詹姆斯“从这位夫人愚昧的行为中再次看到了不雅的生活”。这就是经过长时间的沉思，从许许多多内觉当中产生出来的胚芽或者形象。正如詹姆斯美妙的形容那样，一定要把这粒种子“植根于富饶的土壤中”。

另一个例子是剧作家彼得·沙菲尔创作著名剧本《马属》的过程。他讲到，一天他和一位朋友驱车穿过一个贫穷的乡村。他们路过一个马厩时，这位朋友忽然想起不久前在伦敦一次宴会上听到的一桩犯罪案件。他仅知道罪案中的一个可怕的细节，并讲给沙菲尔听，一共还不到一分钟。关于罪案的当事人及时间、地点均不清楚，但这一简短的叙述就构成这部戏剧的胚芽。在这一可怕事件的刺激下，沙菲尔捕捉到了其中蕴含的巨大的内容，从而使他内心已经储存的大量素材在内觉的水平上重新加以组织，并且终于呈现为艺术形象。

一般来讲，内觉的内容并非有意的计划和安排，这些无意中出现的内容似乎是出于偶然，并且事后创造者才可对其进行反思，去发现其中的内容。实际上，内觉的内容是由显意识沉淀到无意识中去的，是由过去的经验、当前的无意识情感及神经细胞组织在心理上的交互作用或重新组合。

在介绍西方的灵感理论时，我们曾介绍了S. 阿瑞提关于原发过程、继发过程、第三级过程的理论。我们首先要把创造过程和创造产品严格区分开来。创造的产品是全新的，但创造过程的心理机制则是由原始的、古旧的、不正常的、反分化的、第一信号的、具体形象的、幻想的、心灵深层的东西所发动起来的。创造的精神绝不拒绝这种原始的心理活动，而往往是以魔术般的综合把它与正常的逻辑过程结合在一起，从而展现出新的意想不到的而又合人心意的情景。这就是为什么有些人把创造性与疯狂、精神病、儿童思维联系起来考察的原因。这种在今天看来不成熟的思维形式，大概等同于列维-布留尔的"原始思维"。它不是不合逻辑，也不是非逻辑，而是遵循着一种不同于文明人在清醒健康状态下运用的逻辑。

原发过程有一些自己的特征。第一，建立在相似性上的同一。也就是只要在两个或几个事物之间至少有一种共同的因素，就可以把它们视为同一。选择何种属性去发生同一，从心理动力上讲是由意识或无意识的需求与欲望来决定的。这种思维方式不仅存在于精神分裂症里，还成为弗洛伊德理论中象征的基础。一个用逻辑思维来解释的世界在许多方面都与古代人的神话世界及当今各种土著社会的文化是一致的。例如，一个女性精神分裂症患者认为自己是圣母玛利亚，人们问她为什么这样认为，她说："我是一个处女，圣母玛利亚也是一个处女，所以我就是圣母玛利亚。"维柯的《新科学》和卡西尔的《符号形式的哲学》《人论》等著作，向我们描绘了古代的神话世界，那是一个形状发生改变的、局部等于整体的、事物可以互相交换的世界。在民俗中，这种思维方式仍有保留。在艺术中也存在这种表现，当诗人把本来属于自然的事物描绘成拟人的事物时，外在表现看是移情的结果，实际上是"万物有灵"观在诗歌中的复活。它们根植于人类的历史的本能之中。世界在没有被科学的世界观"祛魅"之前，事物总在以一种超现实的"交感"方式发生作用。在灵感思维中，这种把不同事物视为同一个短暂的阶段，也许只能获得明喻、暗喻或象征的作用。

第二，概念的具体化和知觉化。形象思维无疑早于抽象思维。原发过程的思维倾向于把抽象形态发生的内容用具体的形象表现出来。这就是我们所曾讨论过的形象思维，也是艺术创造的特征。比如梦幻者、美术家、诗人，他们都把抽象概念变为感性形象。

总之，原发过程是灵感思维的心理根源。那种不可见到的、说不出来的、无法预料的灵感，猛然地、意想不到地突然闪现。它们在沉思冥想中，在白日梦里，在松弛状态下，在酒醉中浮现出来，或者通过有意的努力和刻苦的追求等外部的触发而产生。这种灵感能否被心理接受，能否转化为符号的表现形态，那便是继发过程的工作了，这个工作类似于验证阶段。

三、梦与灵感思维

研究无意识的工作过程，了解无意识与意识的关系，是最终揭示灵感思维秘密的关键问题。梦在意识和无意识之间有着特殊的地位。弗洛伊德就是从分析日常生活中的联想、移情、遗忘失言、说笑话、笔谈、神经官能症，特别是分析梦境来建立他无意识心理动力学说的。弗洛伊德认为，“梦是通向潜意识的捷径”。荣格认为，“梦是潜意识的一种特殊的表现方式”。自从弗洛伊德的《梦的解析》问世以后，梦与神话的研究得到了空前的重视。实际上，人类从史前开始就力求从梦中获得信息。到了科学发展的时代，真正的灵感也常常在科学家或艺术家熟睡的时候来拜访那早已进入梦乡的寻觅者。

睡眠与梦一直是人类最古老的难解之谜。自从人类诞生的那一天起，他就做梦了。自古人们总是把梦放在一个特殊位置上，人们相信梦是未来的预兆，并通过对梦的反思深深影响了人类的文化创造。

原始人也许正是从对梦的反思中产生了他们最早的宗教灵感，从而影响到原始神圣文化的创造。恩格斯曾根据北美原始人的材料，分析了原始人的梦魂的观念。他说：

> 在远古的时代，人们还完全不知道自己身体的构造，并且受梦中景象的影响，于是就产生一种观念：他们的思维和感觉不是他们身体的活动，而是一种独特的、寓于这个身体之中而在人死亡时就离开身体的灵魂的活动。[1]

现代人类学的许多资料都表明，梦在原始文化中有着举足轻重的地位。无论是史前史的研究，还是现在还处在原始社会的民族志资料都证明了这一点。我们从神话、宗教经典、史籍中都可找到关于梦的记载。梦，一直到现在还被认为是产生灵感的源泉。

---

[1] 《马克思恩格斯选集》（第四卷），人民出版社 1956 年版，第 219 页。

从前，埃及人就写过不少解释梦的书，这方面的专家也很受重视。在《旧约》里，约瑟因解释法老的梦而赢得信任。大约距弗洛伊德 2500 年前，希腊有位叫利西马科斯的人，他常坐在靠近雅克邱姆的地方，摆着一张桌子替人解梦。在中国，占梦也是源远流长。《汉书·艺文志》曰："众占非一，而梦为大。"我们知道殷人很迷信，凡遇大事都要占卜，所以在留传下来的甲骨卜辞中，有许多梦占的记载。人们相信梦兆迷信的基础是梦魂观念。原始人正是把梦中的影像视为可以脱离人体而存在的灵魂，可以到处游荡，并起到预示吉凶作用。这种原始灵感后来发展为宗教灵感。

再从民族志的资料看。我国东北的赫哲族，在清代以前尚处在史前时期，他们相信人都有三个灵魂：一是生命的灵魂，二是转生的灵魂，三是思想的灵魂或观念的灵魂。人睡觉时，身体不动，耳目没有知觉，是因为观念的灵魂离开了肉体。人梦见死去的人，就是与死去的神灵和别的灵魂相接触。生活在大兴安岭的鄂伦春族人认为，人做梦是因为灵魂从肉体跑出来。生活在云南的景颇族人认为，人之所以做梦是因为灵魂离开了自己的肉体，有时入睡不做梦，是因为灵魂外出没有碰见什么东西。如果碰到什么怪物，人就要做怪梦。在汉族的文学作品中，我们也能看到一些蛛丝马迹。《楚辞·九章·惜诵》曰："昔余梦登天兮，魂中道而无杭”，把梦、魂并举，以梦为魂游。司马相如《长门赋》云：“忽寝寐而梦想兮，魂若君之在旁”，也是梦、魂并举，以梦为魂之感受。

在原始文化中，梦是做梦者“与精灵、灵魂、神的交往”，是“神为了把自己的意志通知人们而最常用的方法”。他们把梦视为“神谕”。在一些原始民族那里，他们相信梦甚至是基于白天的感受。Chana 的土人只要梦到与别人的太太性交，他就会因“通奸罪”而被罚款，而 Kamchata 的土人如果告诉对方：“我昨天梦见拥有了你的土地”，那么对方就要拱手把土地让给他。这就是我们所讨论的灵感的原型。

当人类摆脱神话时代，进入文明时代以后，远古的信仰渐渐被压抑到潜意识深处，理性的成功使神话信仰退缩到一个隐蔽之处。但当人们在创造性活动中，充满原始生命力的、躁动不安的潜意识就会经历一场冲突，重新组合，以冲破已定型的逻辑的束缚。我们夜晚进入梦乡，白天百思不得其解的问题有时会突然得到解决。

尼采在《悲剧的诞生》中，研究了古希腊的酒神精神。他引用了德国诗人汉斯·萨克斯在《工匠歌手》中的诗句说：“我的朋友，解释与记录自己的梦，这正是诗人的事业。”[1]德国诗人保尔·海泽也说过类似的话：“一切艺术的创获，都是在无意识的状态中激发出来，是无意识神秘境界中的活动，与本义的‘梦’的境界相似。”他又说：“很多次，特别是在早晨的半睡状态中，使我寻获到我在觉醒后所要继续寻求的动机，并立刻予以结束……有一次我创造出了动人的短篇，几乎完全是在梦中获得的。”

俄国化学家门捷列夫研究化学元素周期表时，很长时间总是得不到完全合理的排列，忽然有一天他获得了灵感，在梦中他清楚地看见了这张周期表。据说，缝纫机的发明也得益于梦。缝纫机的关键部件就是那枚针眼在前的机针。当设计者伊莱亚斯·豪怎么也想不出好办法的时候，他做了这样一个梦：一群不讲道理的人命令他于 24 小时之内发明出缝纫机，他没有做到，便被人用鱼叉处死。就在这时，他看见那把鱼叉的尖端有个椭圆形的孔，便顿时产生了灵感，针眼应放到针尖上去，于是缝纫机便发明了。现代科学发明中，弗雷德里克·格兰特·班廷发现胰岛素，利维发现从神经向肌肉传导刺激的机制，也都是在梦中获得实验的模型的。

20 世纪 70 年代以来，国外对梦中创造活动的作用的研究日益重视。英国《化学教育杂志》(1978 年第 5 卷第

[1] [德]尼采：《悲剧的诞生》，孙周兴译，商务印书馆 2012 年版，第 20 页。

11期）刊登的R. A.布朗和R. G.勒科克的文章说，在剑桥，哈钦森教授询问了大量学者，70%的人说在他们的创造性活动中，梦境发挥了作用。在日内瓦，被询问的69名数学家中，有74%的人回答询问者弗罗诺教授说他们有时在梦中解决了问题。由此可见，许多科学家对梦中会出现灵感并启迪发明创造是深有体会和坚信不疑的。

近代英国作家史蒂文森著名的小说之一是《杰基尔博士与海德先生传奇》。作者回顾创作经过时说，梦中人物帮了他的大忙。这篇小说他构思已久，但尚未着笔，因缺钱用，急需写出来赚稿费，但坐了两天，毫无灵感，不料这故事的情节竟在梦境里展开。杰基尔博士和海德先生是同一个人，在不同时间里呈现两种身份。当他是杰基尔博士时，对于海德先生的行为一无所知；当他是海德先生时，对于杰基尔博士的行为亦一无所知。作者把场景和人物性格的转换写得极为生动，以至心理学家都把杰基尔博士和海德先生引为“双重人格”的代称。[1]

在中国古代的典籍中，也不乏梦中创作艺术作品的记载。司马相如梦中作《大人赋》，谢灵运梦得佳句，李白、李贺、苏轼等都曾在梦中创作诗词。据苏轼《东坡志林·梦寐》记载，苏轼在梦中作诗词歌赋、祭文，就有九

[1] 参见万文鹏、阮芳赋编著《睡眠与梦》，科学出版社1985年版，第44页。

次之多。

梦中获得灵感并进行创造性活动是存在的。然而，科学研究不在于仅仅承认这个事实，而在于怎么正确地解释这种现象。古人也企图说明它，如清人李钟伦在《周礼纂训》中说："梦中创见之思者，精专所极，积思而梦。"这里他强调了"精专"与"积思"。"精专"是指精神对某个问题的专心贯注，"积思"是指对某个问题反复思考。这个说法虽然简单，却独具慧眼，他是把梦中的"创见"与白日的苦苦追求联系在一起来讨论的，但又失之过简，人们不易理解。这种观点与中国传统对梦的看法是一致的。钱锺书在《管锥编》第二册《列子张湛注周穆王》中，对我国古代释梦之讨论甚详，他引用《全后汉文》卷四十六崔寔《政论》所说的"昼则思之，夜则梦焉"，也即其理。[1]

要真正认识在梦中为什么会得到灵感，揭开梦境创造性思维的秘密，必须从分析梦的本质和特征入手。在西方，对梦的研究源远流长。如柏拉图认为，"梦是一种感性产物"；亚里士多德认为，"梦是一种持续到睡眠状态中的思想"；尼采在其著作《黎明》中认为"梦是白天失却的快乐与美感的补偿"；艾利斯认为，梦使人脱离道德上的自我

---

[1] 钱锺书：《管锥编》（第二册），中华书局 1986 年版，第 489 页。

约束，而看到自我感情生活的原形；[1] 弗洛伊德则深信“梦为愿望的达成”[2]。欲望的满足是梦的本质特点。欲望主要指无意识的情欲，在睡眠时，自我本能检查松弛，道德束缚力降低，被抑制的欲望经过化装，躲过稽查而闯入意识形成梦。因此，梦可分为显梦和隐梦。荣格则认为，梦是一种自然现象，他不认为梦可分为显梦和隐梦，他认为梦的表现方式植根于人类蛮荒远古的童年时期。梦是幻想的、形象的、比喻性的，内有的华美而缺乏逻辑的。原始人和儿童的思维方式也正是这样，它自然产生，无须自我的努力。[3] 有些精神分析学家不同意弗洛伊德和荣格把梦解释得那么复杂，英国的查尔斯·莱格夫特认为：“做梦就是一种想象活动”，“做梦是想象活动在睡眠时的一种形式”，因此“梦是一首无意的诗”。[4]《牛津简明英语词典》对梦下定义说：“梦就是睡觉时流过头脑的一系列思想、形象或幻觉。”做梦就是“在睡觉时产生幻想以及各种虚构的感觉的过程”。由于对梦的本质特征认识不同，对梦中的创造性灵

---

[1] 参见[奥]弗洛伊德《梦的解析·序》，作家出版社 1986 年版，第 5—9 页。

[2] [奥]弗洛伊德：《梦的解析》，赖其万、符传孝译，作家出版社 1986 年版，第 55 页。

[3] 参见万文鹏、阮芳赋《睡眠与梦》，科学出版社 1985 年版，第 55 页。

[4] [英]查尔斯·莱格夫特：《梦的真谛》，斯榕译，学林出版社 1997 年版，第 31、37 页。

感解释也就有所不同，目前主要有三种观点。

一是潜能释放说。这主要是以弗洛伊德为代表的精神分析学家的观点。弗洛伊德曾引用诗人席勒的话："如果理智对于那些已经涌入大门的意念，仍还要做太严格的检查，那就扼杀了心灵创作的一面。"按弗洛伊德的看法，人们做梦时，由于放松了白天道德的压抑，人的潜意识的本能就会化装而进入意识形成梦境，尽管这种梦境可能是意念、意象的纷乱组合，然而在纷乱之中，却有"灵感的泉涌"。弗洛伊德说：

> 我们必须考虑这样一种可能性——在晚上，我们是不是不自觉地将我们的意念与记忆材料作了重大的改造。如果的确是这样的话，那么俗话所说的"在你做重大的决定以前还是先睡个大觉再说吧"，"真是太有道理了"。[1]

二是信息加工说。这主要是一些科学研究者的观点。他们认为，人在清醒时由于受到外部大量信息的种种干扰，精神状态高度紧张，有时妨碍某些信息的接通、加工和创造。或者说人在清醒时，受人的第二级过程逻辑思考和理

---

[1] [奥]弗洛伊德:《梦的解析》，赖其万、符传孝译，作家出版社1986年版，第108页。

性认识的束缚，不能做突破性的考虑。意识总在已有的逻辑和理论圈子里转，不能有真正的突破性发现。而在睡眠中，由于人们放弃了白天理性和道德的束缚，外部各种信息也受到了抑制，精神的紧张状态得到放松，某些信息反倒容易沟通而获得新的创造。特别是那些对自己的创造课题经过长期思考的人，内部的信息处在半睡眠状态或梦境中，有关的信息便会重新组合和改造，绕过清醒状态下逻辑思维的障碍，打通被意识堵塞的某些信息的通道，这样便可能引发“灵感”。

三是想象说。这种观点主要是美学家和艺术家的看法。意大利美学家克罗齐说，为了更好地认识自由的创造力，就需要更严格地确定直接意识的领域。在这里，再也没有把直接意识同梦相比更能帮助我们的了。艺术家也有他的梦的状态：睁着眼的梦。在这个梦里，在被创造的许多意象中，那些有关充足力量的意念才成为艺术作品，而其他的则是分离了充足力量的意象的模糊背景。在梦中可以找到艺术的所有本质因素，梦是自由思维和存在于其意象里的感性直觉。当然，梦还缺少一些东西。和艺术相比，梦是一个混乱的过程，它没有定性、秩序、连贯性和尺度。但如果在那个混乱中引入一些秩序，差异性很快就会涌现，和艺术的类似就能变成同一。[1] 事实上也是如此，许多优秀的艺术作品都与梦有联系。据荣格的解释，梦本身就是想象力的一种原始状态。梦与艺术都是想象的产物，而想象本身也就是一种创造和构造新的形象的能力。弗洛姆也曾指出，梦是理解潜意识的通途。此外，梦是一种创造性的活动，在这种活动中，一般人在清醒时感觉不到存在的创造性力量。因为在清醒状态下，人类要保护自己以对抗环境等任务的挑战。生存是人清醒时的首要任务，他完全受现实法则的支配，也就是说他必须在一定的时间和空间中进行思维，而创造性思维则需要超越时空的限制，自由驰骋。[2]

以上三点，从不同的视角提出了对创造性灵感的看法。这些观点并不是相互排斥、互不相容的，而是可以相互启发、相互补充的。科学灵感和艺术灵感因其表现的内容略有不同，具体的表现方式也有所差异。科学发现要突破以往的理论和观念，因而梦中的心态容易构成信息的任意组合，一旦被意识捕捉到潜意识的内觉成果，意识到一种突破即将来临，那就是灵感。当然，这种灵感绝不仅仅是弗

[1] 参见［意］贝尼季托·克罗齐《作为表现的科学和一般语言学的美学的历史》，王天清译，中国社会科学出版社 1984 年版，第 159 页。

[2] 参见［美］弗洛姆《弗洛伊德思想的贡献与局限》，申荷永译，湖南人民出版社 1986 年版，第 111 页。

洛伊德的“力必多”的升华，也不仅仅是荣格“集体无意识”的产物，而是来源于科学家对问题孜孜不倦的追求所积累的解决问题的信息。梦中的潜意识活动一方面来自原发过程的隐喻象征，另一方面来自社会实践的积淀。不然梦境就会是杂乱无章及毫无秩序的，更谈不上科学的创造了。艺术灵感可以看作由内部积淀的社会心理因素和外部长期实践积淀的社会因素，在梦境中按白天长期追求创造所形成的心理定式的、形象的、象征的表现。在这个意义上，艺术灵感类似于想象。梦中可以进行艺术创作，但梦中的灵感远远没有白天的灵感多。在一定的意义上，梦境是心理因素被任意翻译成形象象征的表现，所以梦是有一定创造意义的，但梦缺乏的是艺术的主题和中心思想。一旦梦有了主题，梦境就成了一首无意识的诗，类似于现代意识流小说或电影。弗洛伊德认为，艺术家的创作类似于白日梦。实际上那是一种想象或幻觉，一个艺术家在进行创作时，把自己置身于一个想象的世界中，由眼前的事物或经验唤起对早先经验的回忆。虽然梦与文学都可以被看成一种想象或幻想，但两者又是有区别的。梦中的意象是自我的、自省的、象征的，而文学想象更多的是被自我感知的，他知道怎样从幻想走回现实。

为了更好地分析梦中灵感的特征，揭露其本质，我们有必要分析一下梦的方式及其对梦中灵感的影响。

首先，梦的过程有一个重要方式，即用视觉形象来表现抽象的思想。弗洛伊德指出："梦中大部分的经历为视象；虽然也混有感情、思想及他种感觉，但总以视象为主要成分。"[1] 这一工作是将梦中的抽象思想观念及其相互间的逻辑关系变为具体形象。这样，梦就像演戏一样表现为看得见的行动。在中国古代，对梦的这种方式也早有发现。《太平御览》卷三九七引《梦书》对梦的解释说："梦者，象也。"《论衡·死伪》亦曰："梦者，象也。"《荀子·解蔽》杨倞注更确切地说："梦者，想象也。"所以梦是以意象（带有意义的形象）为基本因素的，它把任何含义深奥的理论、概念、思想都化为具体的意象。文学艺术中的灵感是通过具体的形象性的情节表现的。梦的这种从抽象到形象的过程是一种倒退行为，因为人类的认识是从感觉到知觉发展的，最后以语词的概念来表示，而梦的工作方式是将隐喻变为意象的形式表现的。这实际上是一种原始思维的方式，在原始民族和儿童的思维中可以看到这种方式，它遵循的原则是相似性上的同一。选择何种属性去发生同一，从心理动力上讲是由意识或潜意识的需求与欲望来决定的。弗洛伊德也认为，"梦的工作"采用的是一种"原初

[1] [奥]弗洛伊德：《精神分析引论》，高觉敷译，商务印书馆 1984 年版，第 62—63 页。

的表达方法或表现方法”，是做梦者退化到“童年”表达思想的方法。[1]“在这个童年的背后我们可以窥见种族进化的童年——一个人进化的图景，而个体的发展不过是种族生命的一个简略的重复而已。”这个思想直接影响了荣格。荣格解释凯库勒梦中为什么要用“蛇”的意象来表现苯环的结构说，这完全是集体无意识的产物。因为在《圣经》中，蛇是给人带来智慧的象征，正是蛇引诱亚当和夏娃去偷吃智慧果。蛇在原始文化中有极高的地位，无论在埃及、巴比伦还是在印度及中国，蛇的神圣地位都是不可动摇的。因此选择蛇为象征物绝不是偶然的，而是有广泛的文化背景。

其次，梦的化装、检查和象征。被压抑的冲动要转化为一组感觉的和视觉的形象，以象征的方式表现出来，这便使梦变得复杂而难解。梦中隐含的思想是怎样变为梦的外显内容呢？弗洛伊德概括为四个工作方式：缩合、移换、象征及继发修整。

缩合（Condensation）。指“显梦”的内容是对“隐梦”内容的浓缩、删节，犹如合成的意象，外貌像甲，表情像乙，穿着像丙的衣服，又住在丁的家里。在梦中一切

[1] 参见［奥］弗洛伊德《梦的解析》，赖其万、符传孝译，作家出版社1986年版，第456、457页。

都能缩合，如人物、处所、时间、事件、语言及别的具体事物、抽象的概念。这就如同文学中的典型手法。

移换（Displacement）。指“隐梦”内容中，对某个人或某件事的意会和感情到“显梦”中可能移换到别的客观象征物上去。

象征（Symbolization）。弗洛伊德把性本能的冲动看成梦的元素，它必须经过象征才能实现。梦里的象征手法往往依据做梦者的个人动机，有时十分难懂。象征是文化背景的产物，许多象征来源于神话传说，如民歌、民谣、谚语警句。

继发修整（Secondary elaboration）。这一步工作是在睡眠将醒时发生的，就是把那一堆经过缩合、移换、象征以后变成的面目全非的材料连起来，修饰整理一番，弄成比较像个样子的“显梦”。

这四种方式，在梦中的灵感思维中都是存在的，也是构成梦中灵感的方式。任何梦中获得的灵感，或是以往经验体会的缩合改造，或是潜意识欲望的化装表演，或是潜意识本能的象征表现。而且从梦的材料来源看，有的来源于童年的经验，有的来源于日常生活的痕迹。

沈亚之梦作弄玉歌，我们可以对此做精神分析的阐释。沈亚之是唐代文学家，吴兴（今浙江湖州）人，元和十年（815）进士。他兼长诗、文、传奇，著名的作品有传奇《湘中怨解》《异梦记》《秦梦记》等。其中，《秦梦记》反映的内容和以上所录内容大体相当。沈亚之自述梦入秦国，为秦穆公率兵伐晋，有功。穆公幼女弄玉之夫萧史先死，公遂以弄玉妻之，拜左庶长，礼遇甚厚。后弄玉死，亚之遂辞去。我们可以设想，沈亚之梦为弄玉婿是一种潜意识中“力必多”的移换。也许沈亚之的爱情生活不理想，所以才有此梦。书中写他为秦穆公率兵伐晋，并建立大功。这不过是表现他为得到秦穆公幼女弄玉而想得到资本，也颇类似古代的英雄考验神话。他的精神转移到弄玉身上，但弄玉是有夫之妇，所以在书中必然让其夫萧史先死。最后他得到了弄玉并升官发财，一切都在传奇中得到了满足。弗洛伊德认为，文学家的创造的确如沈亚之的“白日梦”。潜意识中的原始欲望通过幻想的形式得到了升华，性欲得到了变相的满足。根据梦及文学作品的创造，我们可以看出作家的潜意识是怎么在梦中化为灵感创造的。李贺曾赞许沈亚之的作品“工为情语，有窈窕之思”(《沈下贤文集·序》)，鲁迅评价他的作品“以华艳之笔，叙恍惚之情”(《中国小说史略》)，均从“情”这个方面进行了评论。

许彦周梦中题诗的记载，也可做精神分析的理解。这个梦中获得灵感而创作诗篇的例子，可以说明身体状况可以对人的梦境产生影响。这个梦做于大病之前，梦中意象有些是与许彦周身体不适有关的。“夜梦行大路中，寒沙没足。”其中，“寒沙没足”表现了梦中的许彦周已经感到双脚无力、足寒，不易行。但梦中出现了一位妇人援手而引路。中国及西方都有不少把女子作为理想的化身，把她们视为爱与美的象征。妇人把诗人拉出寒沙，便向诗人求诗，实际上不是妇女想求诗，而是诗人感觉到妇女救了他，应该报答，以诗谢之，潜意识中便有炫耀诗才之意。诗人来了灵感，便作诗答谢妇人，自然而然便会幻化出“有矮砖台，上有纸笔”，诗人缘旁挥写，一诗瞬间而成。好在诗人于梦中惊醒，记下了这首诗，我们才有了这个故事和梦中的诗篇。

最后，我们来讨论一下为什么梦中的思想必须翻译成形象性的情节表现出来，或者要通过隐喻象征来表现。为什么梦中的灵感往往带有“意象”性？这与梦的生理机制密切相关。

1952 年，美国芝加哥大学的一位大学生阿瑟林斯基在生理学教授克雷特曼的指导下进行睡眠研究工作。克雷特曼对人在朦胧状态时眼球左右慢慢振动这一现象感兴趣，便让阿瑟林斯基观察这一现象。阿瑟林斯基通过仪器发现，那种缓慢的眼球运动，只是在入睡期有少数出现，倒是有一种快速的眼球运动，一夜之中要出现五六次。克雷特曼实验室的另一个学生德门特也参与这一现象的研究，发现在睡眠的“眼快动”期，脑电波呈快波，在这个时候将试验者唤醒，他们几乎都说自己正在做梦！因而有人就把眼快动睡眠称为有梦睡眠，非眼快动则被称为无梦睡眠。人如果从快波睡眠中醒来，往往醒后对梦境记忆犹新；如果从慢波睡眠中醒来，则对夜间的梦境一无所知，所以有的人说“从不做梦”。为什么做梦时眼球会快速运动？至今未见心理学家和生物学家的解释，他们只是指出了这种客观存在的现象。

刘文英指出：“我们以为，这种现象是由梦中眼球的内视机制所决定的。”[1]“内视”是中国古代的一个概念，在《庄子》《史记》等古籍中都曾出现过。过去人们认为，“内视”是针对“外视”提出来的。“外视”是客观的物体映入人的视觉器官，转化为神经脉冲传入大脑。这些神经脉冲借助神经编码储存在大脑中。[2]“内视”不一定有外在的形象刺激眼睛，它可以向内进行或眼球一转即可完成。由于眼睛长期的外视，必须由眼球的运动来刺激神经脉冲的传递。在陷入冥想、禅坐忘我时，都可产生这种内视。

明末清初医学家汪昂说：“凡人外见一物，必有一形

---

[1] 刘文英：《梦的迷信与梦的探索》，中国社会科学出版社 1984 年版，第 320 页。

[2] 参见 R. L. 格列高里《视觉心理学》，彭聃龄、杨旻译，北京师范大学出版社 1986 年版，第 1 页。

第八章

宗教灵感与艺术灵感

只是一阵闪光掠过我的心灵，

我心中的意志就得到了实现。

——［意］但丁《神曲·天堂篇》

新规范的提出往往是洞察力或直觉的闪光，“有时是在午夜。在深深地处于危机中的一个人的思想里突然出现的”。

——［美］托马斯·库恩《科学革命的结构》

影留于脑中，昂思今人每记忆往事，必闭目上瞪而思索之……”“有一形影留于脑中”即储存于意象库，“闭目上瞪而思索之”即内视。眼睛“上瞪”，必有眼球转动，随着眼球转动，视神经才能与意象联系起来。现代格式塔心理学家确认了人头脑中有一些图画，并有“某种内部的眼睛去看这张画”[1]。古代神话中有三眼神怪，如《山海经·海外西经》所记奇肱国人“一臂三目”；《古今图书集成》卷八引《述异记》所记之三瞳（国），“人皆有三眼睛珠”；《楚辞·招魂》中的土伯也是“参（三）目虎首，其身若牛些”。另外，传说中的二郎神杨戬、灵官马元帅等，都有第三只眼。现代有人认为，人脑中存在一种类似于内眼的东西，来掌握人的内视机能。这样，人在闭上眼睛时，头脑中仍可以出现栩栩如生的画面。

现代神经生理学表明，人的眼和耳提供给大脑的信息最多，所以人的视觉和听觉是比较发达的，人的睡眠也必须以闭目塞听为条件。由于梦主要是意象性的，所以由眼球的运动造成内视以便去检查潜意识中的信息是最为合理的。但做梦不仅仅是一个视觉的行为，还与其他内部感受活动有关，因为我们在梦中仍可以听到声音、闻到气味、

---

[1]　R. L. 格列高里：《视觉心理学》，彭聃龄、杨旻译，北京师范大学出版社 1986 年版，第 1 页。

感到寒热，不过整个梦境总是以内视为主罢了。

最后再解释一下做梦时眼球为什么要快速运动，这也许是由梦的内容及工作方式造成的。因为在梦的缩合、移换、象征和继发修整中，时空的跳跃性极大，它不同于清醒时所面对的时空特征，缩合就意味着把长时间的意象缩编在瞬时的意象中，它的特征就是高度密集、变形和象征，也要求把一系列的意象做快速的检索和拼接，以最有特征的意象来表示内觉的成果，所以在梦中人的眼球才会快速运动。

中国人可能很早就发现了做梦时的眼球运动。这从殷代甲骨文的“梦”字上可以得到一些信息。“梦”在甲骨文中写作“”，康殷说表示人睡在床上，以手指拭目，以示睡中有所见。[1] 刘文英说左边是一张有支架的床，右上方是一只长着长睫毛的特别突出来的大眼睛，右下方曲折向下的一笔表示人的身体，剩下的部分表示手指和手臂。整个字的原始含义是，人睡在床上以手指目，表示睡眠中目有所见。“见”在甲骨文中写作“”，说明我们的祖先当时对于睡眠中的所见（梦）与清醒时的所见已有所区别。

许慎《说文解字》认为，“㝱”（梦）是形声字，从“宀”，从“爿”，“夢”声。段注曰：“宀者，覆也；爿者，倚

[1] 参见康殷《文字源流浅说》，荣宝斋 1979 年版，第 54 页。

著也；夢者，不明也，夢亦声。”“宀”即今日房子，“爿”解释为床，另一解释为“疒”，像病人躺在床上一样。“夢”即古“梦”字。刘文英解释说：籀文梦字的结构应该是“从宀，从爿，从夕，从瞢省，瞢亦声”。他认为，许慎说“从疒”是错误的，因为甲骨文中的“梦”字只表示人睡在床上，并没有因病倚床而卧的意思。[1] 从“疒”，不一定表示只有病时才卧床，或病中才做梦，也可以表示像病人一样卧下，并且人生时多梦也是常见之事；从“宀”也不一定就是洞穴，因为“宀”表示房子类的物体；做梦也不一定非要在晚上，人还会有白日梦。梦中的意象除了模糊性之外，也还有清晰的时候。我们再看甲骨文中的“梦”字，那大眼睛上的三根睫毛呈曲折状，表示眼在运动。说到这里，我们不能不为我们古代的祖先对梦的状态做出这么详细的描述而惊叹了。

根据以上分析，我们看到梦中得到灵感的心理过程是极为复杂的，它关系到整个人格的深层结构，是人内在本质的必然表现。人的生物的本能、原始的欲望、生活的记忆、潜意识的内觉，以至现实的人生态度都可能引起灵感的爆发。

[1] 参见刘文英《梦的迷信与梦的探索》，中国社会科学出版社 1989 年版，第 160 页。

客观世界是丰富多彩、千变万化的，我们对客观世界的把握也是各不相同的。在长期的历史发展过程中，人类积累了丰富的知识。一般来讲，在哲学领域，可以把人类的知识分为真、善、美三大部分。真，就是从客观世界的运动、变化、发展之中所表现出来的客观事物自身的规律性，这种规律性是不以人的意志为转移的，人只可以认识它、掌握它，而不能任意摆布它。人类的科学知识和理性知识，便是"真"的集中表现。善，就是指人的主观目的性。在社会实践的过程中，人对客观现实与主观目的的关系的认识形成了善的观念。一般来讲，符合人的目的的就是善，但从整个人类历史的发展看，只有与社会发展规律相一致并推动着社会发展的普遍利益才是真正的善。人的道德观念和伦理观念是"善"的集中表现。美，则是人的本质力量的感性显现，是人的自由创造精神的形象化，它是合规律性的"真"和合目的性的"善"在感性直观上的统一。人的艺术创造，便是"美"的观念的典型表现。

"善"中的伦理观念来源于整个历史发展的要求带来的秩序性，它靠社会的风俗习惯、历史传统，靠社会的内在调节机制来实现。因此，"善"的领域里是社会理性的，缺乏创造性的。在科学领域和艺术领域则是去发现新的东西，揭示本来就存在于客观世界或人心灵深处的真理和诗意。所以从创造性上来讲，真和美的领域是最富于灵感创造的。马克思在论述政治经济学的研究方法时曾归纳过人类掌握世界的方式：

> 整体，当它在头脑中作为被思维的整体而出现时，是思维者头脑的产物，这个头脑用它所专有的方式掌握世界，而这种方式是不同于对世界的艺术的、宗教的、实践—精神的掌握的。[1]

马克思这段话是论述政治经济学的特点的，从中我们可以体会出这样的道理：人类掌握世界（认识世界）的形式是多种多样的，可以是政治经济学的方式，也即理论的方式，也可以是“艺术的宗教的”。这里把艺术的和宗教的并列，因为艺术和宗教的思维方式都是形象象征的，两者有许多相同的地方。现在看来，艺术是用一种“真实性”的形象掌握世界，而宗教则用虚幻的形象来掌握世界，因为宗教中的形象原来是不存在的，不过是人的幻想的产物。

用“实践—精神”的方式掌握世界比较难以理解，且

---

[1] 《马克思恩格斯选集》（第二卷），人民文学出版社 1972 年版，第 104 页。

学术界争论很大。人类自由创造的本质决定了人在改造自然的过程（实践）中，必须首先从精神上认识和掌握世界，这正是马克思一贯提出的。人在创造产品以前，产品可以在头脑中以观念的形式存在着。这句话和合目的性的“善”是有关的。人类为了自己的利益和改造世界、创造产品的时候，已经从精神上掌握世界了。

一般来讲，整个人类的文化可粗略地划分成四大部分，即宗教、伦理、艺术和科学。这四个领域分别代表了人类的信仰、秩序、感性和理性。从历史发生看，宗教和艺术是较早出现的，它们最初处在同一文化母体中，只是到了后来，艺术才能成为一个独立的部门。代表科学的理性无疑是晚起的，但当真正的科学出现以后，整个人类的文明发生了质的变化。科学中包含自然科学和伦理科学。伦理科学在维系社会运转及调节人与人的关系上起到了非常重要的作用。下面我们将从宗教与艺术创造性领域来探讨灵感思维的不同特征。

一、宗教灵感

1. 宗教一般

宗教是一种社会历史现象，是人类社会意识的一种形态，是感到不能掌握自己命运的人们面对自然、社会与人生时的自我意识或自我感觉，因而企求某种超自然的力量作为命运的依托和精神归宿。多数宗教认为，在现实世界之外，还有超自然的力量或实体（上帝、天神、精灵、鬼怪等）存在，因而产生敬畏和崇拜。宗教是人类历史上一种普遍存在的社会现象，目前世界各国、各民族大都有宗教的存在。

宗教的思维方式是具有灵感性的，我们在探讨灵感的原型时已做了初步探讨。我们要提醒读者注意的是，灵感本身便是从原始巫术信仰中演化出来的。在人类普遍相信超自然力及“万物有灵”观时，灵感思维就已经存在了，不过到了宗教形成以后，灵感思维则更为精细，成为宗教信徒的思维方式之一。

“宗教”一词，一说源于古拉丁语中的“religare”，意为联结或再结，即“人与神的再结”；一说在拉丁语中为“religio”，意为敬神。在汉字语源中，“宗”从“宀”从“示”，意为“宇宙神祇”(古“祇”字作“示”）所居。“宗”也有尊敬自己祖先或祭祀“日月星辰、江河海岱”，与宇宙之灵或祖先之灵沟通，以祈求降福保佑之意。

实际上，宗教的中心问题是“灵感思维”。除去宗教文献中那些文化成分，比如科学、哲学、法律、政治及艺术规范、信条习俗，从心理上来分析宗教，便可发现其奥秘，其中最重要的就是直接获得对神灵的意识。

S. 阿瑞提指出，在宗教创始者看来，宗教是由以下三个方面当中的至少一个方面所组成：（1）超自然力的一种理解，这样就能对影响着人们的那些事件产生影响；（2）与这种超自然力的接触；（3）对于各种规范的想象。这些规范作为特殊的生活方式影响着所有的人，并且具有超验的意义。在一个信奉宗教但并非创始者看来，宗教由以下三个方面或者其中一个方面所组成：（1）对超自然力的一种信仰；（2）通过祈祷和各种仪式企图与这种力量建立接触或者努力感受这种力量；（3）对一种特殊生活方式的采纳，这种生活方式被认为能影响所有的人，并认为具有超验的意义。[1]

因此，对宗教创始者和宗教信仰者来说，宗教必须有三部分组成：一是信仰，二是宗教仪式，三是构成一种生活方式，而其中心问题便是与超自然的灵接触。宗教的产生和宗教生活都是建立在这种灵感观之上的，这构成了信仰的心理基础，而宗教仪式也不过是强化这种心理的外在行为方式。一旦人们失去对超自然神秘力量的信仰，宗教也就随之瓦解了。在宗教生活中，每个人因信仰的原因，

---

[1] 参见[美]S. 阿瑞提《创造的秘密》，钱岗南译，辽宁人民出版社 1987 年版，第 311 页。

都力图去与这种神秘之灵产生交感。源于一定的文化传统的人的潜意识中的神灵观念，是宗教体验的渊源。

2. 宗教创始者的灵感

从更广大的领域及发生学的角度讲，宗教是从原始巫术观念中产生的。宗教的产生当然与原始科学、文化的不发达有直接的关系，但这些不是我们探讨的主要问题。我们将跨过漫长的原始巫术时代而进入人为宗教时期，因为从人为宗教的例子中我们可以更好地分析宗教创始人的灵感思维。

佛教是世界著名的三大宗教之一，创始人为释迦牟尼。佛教创立中最引人注目的是释迦牟尼坐在那个著名的菩提树下，经过苦思冥想而悟道成佛。在他获得灵感的一瞬间，决定了佛教今后的许多教义，从而奠定了佛教的基础。

许多关于佛教的书上，都记载了释迦牟尼得道的经过。在早期的一些佛教经文中，关于佛陀的生平事迹，也是佛教教义的一部分。

释迦牟尼，姓乔达摩，名悉达多，因是古印度释迦族人，故又称为释迦牟尼。“牟尼”是明珠，喻为圣人。释迦牟尼是一种尊称，意思是释迦族的圣人。他创立佛教以后，称为佛陀，简称佛。佛陀是梵文 Buddha 的音译，意译为觉悟者。佛不但自己要大彻大悟，还要帮助众生觉悟。

释迦牟尼的生卒年月已不可考，他大约与中国春秋时代的孔子是同时代人。他是古印度迦毗罗卫国净饭王的儿子。相传他出生七日即丧母，由姨母抚育。由于当时的迦毗罗卫国处在邻国的威胁下，净饭王希望儿子能成为“转轮王”—— 统率天下的大皇帝，因而对他进行严格的教育，但释迦牟尼不愿在政治上建功立业。在他 14 岁时，发生了一件事，对他的出家产生了决定性的影响。一次外出郊游，他看到农夫在炎炎烈日下，大汗淋漓，气喘吁吁，低头耕田，十分可怜。牛的颈上勒着粗绳，不断遭受鞭打，以致皮破血流。田里翻出的小虫，被飞来的小鸟争着啄食，而耕田的人全然没有顾及生命的可贵。他猛然感悟到，原来世间是何等残酷，生命又是何等悲惨啊！后来他又不断见到步履艰难、老态龙钟的老人，辗转呻吟、痛苦万状的病人及失去生命、尸体僵硬的死人，更是感到不快、厌恶、可怕，感到人生的痛苦、悲惨和短暂无常。这就促使他苦苦思考这样的问题：造成人生痛苦的原因何在？解脱人生痛苦的方法和出路是什么？但是从前他学过的各种道理都不能解决这样的问题，于是深深陷入了无限的惶恐、感伤、烦恼、痛苦之中。后来，他又遇见一个出家修道的沙门，从沙门那里听到了出家修道可以解脱生老病死的道理，便萌发了出家的念头。净饭王为了打消他出家的念头，在他 16 岁时就替他娶了妻子，并劝他放弃出家修道。在 29 岁时，释迦牟尼毅然抛弃了王子的地位，离别了妻儿，剃除须发，到深山旷野参访明师，修持学道，以求解脱人生的痛苦。

据早期佛经记载，释迦牟尼出家后周游寻访，以期获得善道，达到无上清净妙境，后来遇到阿罗陀迦兰。阿罗陀为沙门师，其教义主张通过一系列禅定功夫，达到“无所有处”，即意识上一切空无所有，进入静虚状态。不久他就赶上了他的老师，认为其教义和他的想法不吻合，便辞别而去。他又去找另一沙门师郁陀兰子，结果一样，他又不满足而退出。[1] 他决定专心施行最严格的修行，也就是通过自我克制的方法，以求获得觉悟和解脱。他开始实行一系列可怕的修持方法，如逐渐减少食物，直至每日食一谷一麦，或七天吃一顿饭。他吃种子和草，有时甚至食用粪便度日。他穿粗片织成的布衣，或用鹿皮、树皮等做成的刺激皮肤的衣服。他拔除须发，连续站立，卧于荆棘或牛粪上面。他不洗除污秽，形同枯木一般。他还常到墓地，和腐烂的尸体睡在一起。如此自找苦吃，折磨自己，前后六年，坚持不懈，结果身形消瘦，濒临死亡，仍然徒劳无获，不仅没有产生觉悟，也没有解开世界之谜。于是，

---

[1] 参见[英]渥德尔《印度佛教史》，王世安译，商务印书馆 1987 年版，第 49—50 页。

他重新思索另一条获得知识、求得解脱的道路。他回忆起青年时代有一次坐在树下，进入所谓禅定境界，获得身心的愉悦，觉得这是一种觉悟之道。静坐冥想，要有强壮的身体，他便洗去经年的积垢，接受了牧女奉献的鹿奶，经过调养，恢复了元气。他就去附近的菩提树下向东结跏趺坐（即双足交盘而坐），端身正念，发大誓愿，宁愿血注干涸，身体腐烂，如不大悟，绝不起座。据说经过七天七夜的冥思苦想，终于在内心出现了灵感，一个越升越高的精神境界呈现在他的面前，超越了他自身的视力和听力的限制，超越时间和空间的障碍。他心如平镜，一切烦恼全部消除，各种疑惑全都澄清，豁然觉悟到宇宙、人生的真实本质——一个业报和转生的体系，把握了真理，成就了正觉，获得了解脱。[1] 苏联宗教史学者约·阿·克雷维列夫称这一时刻为“具有世界历史意义的时刻”。释迦牟尼“端坐在为后世广为颂扬的那棵树下，恍然大悟成为佛陀，即成为觉者、悟者、智者”[2]。释迦牟尼自述他得道的经历时说：“忽然正见升起，大彻大悟：吾已解脱，此乃最后生期，更

[1] 参见方立天《中国佛教与传统文化》第一章第一节“释迦牟尼的创教活动和原始佛教”，上海人民出版社 1988 年版。

[2] [苏] 约·阿·克雷维列夫：《宗教史》（下卷），乐峰等译，中国社会科学出版社 1984 年版，第 292 页。

无重生。”[1] 得知成佛后，释迦牟尼便开始宣扬自己的学说，于是佛教便弘扬开来，影响逐渐遍及世界。

佛教的教义及各宗各派不是我们所要论述的，我们感兴趣的是佛教提倡的“顿悟成佛”的思维方式。佛陀的悟道，从客观上考察，符合我们对灵感思维结构功能的分析。我们可以从以下几点来看：（1）释迦牟尼在悟道前有过长时间孜孜不倦的探求；（2）掌握了一些宗教的修行方式，如坐禅；（3）在幽林中通过坐禅，调动了潜意识的内觉（现代科学表明，人在坐禅入定时，正是潜意识最活跃的时期）；（4）产生了顿悟（灵感）；（5）启迪了佛教的创造。

佛教的这种思维方式，在以后的佛教徒中一直存在。顿悟成佛是所有佛教信徒的追求目标。甚至佛陀在传道时都推崇这种“以心传心”的思维方式。传说，当年释迦牟尼在灵山聚众说法，曾拈花示众，听者都不明白其中的奥秘，只有迦叶尊者默默神会，微微一笑。佛祖知道他已领悟，对这个聪颖的弟子格外赏识，于是宣布：“吾有正法眼藏，分付摩诃大迦叶。”[2] “正法”指全体佛法，“眼藏”指佛

[1] 转引自［英］渥德尔《印度佛教史》，王世安译，商务印书馆 1987 年版，第 51—52 页。

[2] （宋）普济：《五灯会元》（卷一），中华书局 1984 年版，第 10 页。

法能普照天地万物。佛祖传授给摩诃迦叶的这种佛法，据说就是“以心传心”的禅宗宗旨。而摩诃迦叶成了禅宗的开山祖师，并被尊为佛陀的十大弟子之首，称为“头陀第一”。

佛教传入中土，与中国本来就存在的直觉悟性的思维方式相结合，形成中国特色的禅宗顿悟派。佛教的这种思维方式，对中国古代艺术的思维产生了不可磨灭的影响。

不仅佛教的创始人如此，其他的各种宗教的创始人及所谓圣徒、先知、降神者之类的人物，总是不断宣称他们对自己所信仰的神灵有某种直觉式的体现和感受。在我国的《高僧传》《神仙传》之类作品中，充满着这种宗教灵感的记载。

这种人为宗教由原始巫教发展而来，原始中的巫师总是在通神的意义上建立自己的信仰地位和权力。人为宗教的建立是在新的历史时期原始巫教进一步发展，进一步神权化、集权化的表现。

宗教的创始人在灵感状态下创造了宗教的教义。我们不能仅仅把这种宗教创始者的灵感看作欺骗行为（当然，我们并不能排除有些所谓来自上帝及神的灵感带有欺骗性），这种神秘的体验，应该在现代心理学中得到合理的解释。

3. 宗教生活中的灵感

宗教一旦形成以后，便会有许多虔诚的信徒，许多人在长期不信宗教以后，也有些皈依了宗教。对广大宗教信徒来讲，他们声称自己与所信的神灵产生了交感，他们得到了来自上帝的启示。这是怎么一回事呢？对不信教的人来讲，这一切显得十分好笑，因为他们是无神论者，怎么会有来自天国的召唤呢？对信仰宗教的人来讲，无论是从视觉上，还是从听觉上，无论是在教堂里神圣的宗教仪式上，还是在结跏趺坐陷入禅定中，他们都有可能直接得到灵感。

这种宗教灵感源于巫师的通神。苏联宗教学家德·莫·乌格里诺维奇说：在施行巫术时，想象的漫游和与精灵的际遇是这一角色的重要部分。在举行仪式时，萨满（巫师）沉溺于幻觉之中。他眼前出现了精灵，另一个世界的情景，他感受到漫游的各种细节。[1]

再举一个佛教传入中土的例子：在佛教传入中国的故事中，后汉明帝感梦求法说最为著名。据晋袁宏《后汉纪》载：“初，明帝梦见金人，长大，项有日月光，以问群臣。或曰，西方有神其名曰佛，其形长大，陛下所梦，

---

[1] 参见［苏］德·莫·乌格里诺维奇《宗教心理学》，沈翼鹏译，社会科学文献出版社 1989 年版，第 152 页。

得无是乎？于是遣使天竺，而问其道术，遂于中国而图其形像焉。”在几部不同的著作中都记有后汉明帝从梦中得到灵感，遣使西去求佛的记载。

在宗教生活中，宗教灵感产生的与神灵直接交通的宗教经验，是宗教生活的核心内容。这是史前观念在宗教中的遗留，就像中国殷商时期的政治观念中通过占卜通神获得力量一样，不过这种通神的宗教灵感在后来的人为宗教中得到更进一步的发展。宗教灵感真正的解决，必然要在现代科学和心理学的条件下完成。在这方面，宗教心理学、社会学的研究为我们提供了不少启示。

4. 宗教灵感的心理根源

无神论者认为神是不存在的，世界上也根本没有什么上帝。那么，怎么解释人的宗教行为？宗教为什么在世界上有那么大的影响？人类为什么创造了那么多神灵？详细分析这些问题不是本书的宗旨，我们只着重分析一下宗教灵感中的心理因素。神不过是人的异化，是自然万物通过人脑的幻想加工所创造出来的，因此解决宗教灵感也应从人的意识着手。

卡西尔引用尤塞那的观点认为，宗教观念的形成是从创造出神灵的一瞬间开始的。当人创造出事物的名称时，神也同时产生了。神的无所不在，是一个人把他早期直接的人际关系中所做的观察扩展为对整个世界的观察。S. 阿瑞提认为："神灵的显现可以在内觉的水平上去体验。"[1] 所以宗教是对超自然力的一种领悟。他说："当一个人说他获得了宗教灵感，或说他得到来自神的启示，实际上他是用一种返回到原始的认识方式来维持新获得的抽象领悟。只有当属于原发过程的心理机制来支持由继发过程形成的心理准备时，才能产生顿悟。"[2] 人显然意识到这些原发过程的体验并非寻常，但并不把这种情况解释为病态。相反，他认为这是一种迹象，表明他接触到了神灵。他感到非常清楚，非常确信。

美国实用主义哲学家威廉·詹姆士从经验主义出发，不认为上帝是一个客观存在的实体，他在其名著《宗教经验之种种》中认为，宗教完成不是人的一种经验，而是一种神秘的体验，这种体验有不可言喻性，没有什么词语能对等地描述出这种体验。[3] 这个特征相当于 S. 阿瑞提所称的内觉经验。通过原发过程的体验结果，可以获得一种新知识，产生了宗教创造性的行为。这像宗教领袖通过一种

---

[1] [美]S. 阿瑞提：《创造的秘密》，钱岗南译，辽宁人民出版社 1987 年版，第 318 页。

[2] [美]S. 阿瑞提：《创造的秘密》，钱岗南译，辽宁人民出版社 1987 年版，第 322 页。

[3] 参见[美]威廉·詹姆士《宗教经验之种种》，唐钺译，商务印书馆 2002 年版。

通常叫作“启示”的体验直接得到灵感一样。

另一个叫J. H. 柳巴[1]的宗教心理学家，虽然没有威廉·詹姆士的《宗教经验之种种》获得了那么大名气，但他从严格的心理学方面来探讨宗教灵感。柳巴的论点可以用这句话来概括：宗教存在的理由，不是其概念的客观真实性，而是其生物学上的价值。他认为，从形而上学上来推论出上帝的存在被物理科学的进展所击破，宗教信仰者想从人自身的体验来证明上帝的存在也是站不住脚的。通过考察，他的结论是：“在尚处于科学领地之内的心理学家看来，被设想为创造能力之表现形式的理想化了的人性，具有无与伦比的资格成为宗教灵感的源泉。”[2]

宗教心理学的分析认为，宗教皈依不过是皈依者强烈的情感危机出现的“精神转折”。美国心理学家W. 克拉克便把宗教皈依定义为一种特殊类型的“精神成长或发展”，在一定的条件下，通过人的情感上的突然醒悟产生人对宗教思想的明显变化。他把皈依分为三个阶段：第一阶段是不安、精神危机、道德和世界观的探索时期。他认为皈依直接产生于第二阶段，它表现在突然“神秘的醒悟”的感

[1] 生于瑞士，在美国完成学业，并成为布林茅尔学院教授。

[2] [英]约翰·麦奎利：《二十世纪宗教思想》，高师宁、何光沪译，上海人民出版社1989年版，第122页。

觉之中，人感觉到特别强烈的和有深刻印象的宗教体验。他觉得，他“见到了神”，神向他指出获得拯救的唯一道路。第三阶段是皈依的完成过程。强烈的感情趋于消逝，留下安定的、平静的感觉，内心冲突已经消失，代之以建立在宗教信仰基础上的和谐。[1]

5. 宗教灵感的方式

神秘主义是宗教体验的基础，而获得宗教灵感使宗教信仰大大加强了。获得宗教灵感有各种各样的方式，有些在长期被实践以后，渐渐演化为一定的宗教仪式。因此，苦修、冥想、自残、音乐、舞蹈、一定的药物及宗教仪式，均能成为宗教灵感的契机。获得宗教灵感大约有以下几种方式。

第一，信仰是宗教灵感重要的前提。宗教的本质就是人类的信仰，对所谓超自然的神灵，只有首先信仰它，才能构成其他一切宗教活动的基础，虔诚的信仰往往能化为激烈的感情反应，从而产生宗教灵感。当一个人的信仰达到迷狂的程度，就为灵感的幻觉准备好了心理条件。

第二，从宗教的修习中获得灵感。各种宗教都有一套

---

[1] 参见［苏］德·莫·乌格里诺维奇《宗教心理学》，沈翼鹏译，社会科学文献出版社 1989 年版，第 193 页。

修习办法。释迦牟尼就是通过苦修后在菩提树下陷入长时间的苦思冥想而得到启示的。中国道教的坐忘、心斋、禅观、存神、入静等修习方法，可以通过控制自己的思想和感情，来排除外界的干扰，把思想集中到宗教目标上来。久而久之，就使修习者的心灵脱离了肉体的羁绊，超脱了时空的限制，从而与超经验的神灵交通。这实际上是一种类似自我催眠的状态，在这种状态下，修习者就会和潜意识中由于长期信仰形成的神灵观念交会，出现宗教灵感的幻象。

第三，许多宗教神秘主义者还使用具有兴奋性和麻醉性作用的药物，以激发宗教灵感。酒的刺激及龙舌草、大麻叶之类麻醉药物，往往使使用者的身体发生变化，从而引起心理和情绪上的反应，导致宗教体验的产生。美国人类学家本尼迪克特在《文化模式》一书中，向我们描绘了北美印第安人的这种寻求灵感的方式。在墨西哥的印第安部落中，人们在典礼上用巨型仙人掌的烈性果汁达到一种超凡入圣的状态，对他们来说，这种心理状态具有至上的宗教意义。还有一些原始部落在每年的盛大典礼上，人们通过饮用这种仙人掌汁液的方式获得神赐的灵感。祭司们率先饮用，随后所有的人一起歌唱，以达到超凡的境界。在他们的宗教实践和诗歌中，“令人陶醉”和“宗教”是同义语，它给予整个部落一种神魂颠倒的兴奋感，给它蒙上一层宗教色彩。[1] 他们宁愿远离社会，自愿承受寂寞、被剥削，有时愿受酷刑之苦，饥饿、鞭打、暴露和衰竭。沙漠、山洞、污泥潭、荒山野岭成为他们的好去处。他们过着一种苦修的生活，以便获得上帝的青睐。

有些建筑的气氛也容易导致宗教灵感，如 12 世纪末叶在法国出现的“哥特式”建筑。高大的矢状拱券使教堂的尖顶向上延伸，好像指向天国，教堂内高大的空间，加上从窗子的玻璃上透过富于变化的彩色光线，都使人感受到一种神秘的宗教气氛。

第四，其他获得宗教灵感的方式。对一些部落的原始人来讲，音乐、舞蹈也能获得宗教灵感。如在中国古代，“巫”与“舞”是同一个字，《说文解字》释“巫”曰：“巫，祝也，女能事无形，以舞降神者也。”《周礼 · 司巫》载：“若国大旱，则帅巫而舞雩。”本尼迪克特认为，商周时，每逢久旱不雨，就要祭祀求雨，求雨的方式就是由王率众人舞蹈，以求与雨神相通，使之感动而降雨。[2]

在中世纪，有些禁欲的殉道者靠自残行为来追求宗教灵感。此外，一走进教堂，宗教绘画、雕像及宗教音乐的

---

[1] 参见［美］鲁思 · 本尼迪克特《文化模式》，张燕、傅铿译，浙江人民出版社 1987 年版，第 82 页。

[2] 参见［美］鲁思 · 本尼迪克特《文化模式》，张燕、傅铿译，浙江人民出版社 1987 年版。

氛围，好像让人置身于宗教的神圣世界里，自然易于激发宗教灵感。

二、艺术灵感

1. 艺术一般

艺术和人的语言一样古老，在远古人类就开始艺术创造了。但那时的艺术还不是今天我们使用这个词所包含的意义。只有到了一定的历史时期，艺术才从实用世界功利的、宗教魔法的混融状态中独立出来，具有独特的审美意义。艺术只是人类才具有的一种文化现象，其他任何动物都不能创造出哪怕最粗陋的艺术。在这个意义上我们甚至可以套用一句流行的话说："人是一种艺术的动物。"

人类具有自我监控意识，人类在前进的道路上不断进行自我反思。在人类进入文明社会以后，人们就开始对自身的艺术创造进行思索了。但迄今为止，艺术的领域仍然像美的领域一样，充满了五彩斑斓的颜色，像一个困惑人的谜一样，谜底并没有被揭穿。当我们沉默时，我们心里都知道什么是艺术；但当我们开始讨论什么是艺术，或给艺术下定义时，便往往离题十万八千里。我们就像摸象的盲人一样，各人认为自己的观点正确而嘲笑别人观点的可笑。

古往今来，关于艺术的定义有很多，而且影响都颇大。古希腊人普遍信仰的是艺术即模仿；现在仍流行艺术是生活的反映；席勒、斯宾塞等人认为艺术是游戏，是过剩精力的发泄；有人把艺术与巫术联系在一起；还有些人认为艺术即技巧，只要掌握了一定的技巧，就能创造出艺术品。现代人不满意古希腊人只注重模仿的理论，而企图从人的内在心理寻找根据，于是提出艺术即直觉、艺术即表现，情感的表现成了艺术作品最重要的特征之一。还有一些美学家从符号、形式等方面来规定艺术品，如艺术即情感的符号、“艺术是一种有意味的形式”。有一部分人想从人的意识及意识的心理动力来规定艺术，于是就有“艺术即幻觉”、艺术是白日梦、艺术是“性意识的变相满足”等理论。

20 世纪美学家研究的一个重要方面就是对艺术的探讨。过去许多美学家把艺术作为整个美学研究的对象。这种看法，在新的时代仍然有一定的继承者。关于艺术，人们发表了那么多的言论，但什么是艺术仍然是一笔糊涂账。一个理论能存在，能被一般人所接受，甚至在历史上风靡一时，一定有它存在的价值。关于艺术的各种观点都有相对的真理性，或者仅仅表现了艺术的一个功能，或者是从不同的角度出发来看艺术。真理也许就存在于各种观点中。苏轼登庐山的感受是“横看成岭侧成峰，远近高低各不同”，我们看艺术，也如苏轼一样。庐山从远处看，挺拔、郁郁葱葱是一番气象；当我们走进山里，一山一石，一草一木，一水一亭又各有一番风味。整个艺术如一座庐山，而各艺术门类如草松、山石一样复杂多变。雕塑、绘画、音乐、舞蹈、建筑、戏剧、电影等都归于艺术之下。从埃及的金字塔、中国的万里长城到乡下老太太做的虎头鞋、艺人捏的小面人，从阿尔塔米拉洞穴岩画中的牛群到现代派艺术中用驴尾巴涂上颜料画的作品，从达·芬奇的露着迷人微笑的蒙娜丽莎到把一个小便池题上“泉”直接送到博物馆展出，从复活节岛上的神秘的巨大石雕人像一字排开、昂首天外到直接把涂抹的人体挂在墙上，在这些所谓的艺术中，人们能找出一条普遍的原则来说明它们吗？找出这些原则又有多大的意义呢？但是，哲学家们和美学家们就是要做这种工作，他们正是要在各种各样的、看上去相差十万八千里的地方找出普遍的规则，以便构筑他们的理论大厦，而人类又习惯于把这些人称为哲学家、美学家等。任何想建立涵盖一切的理论体系的人最终都将失败，正如黑格尔建立了无所不包的哲学体系，处处都受到责难、批判和嘲讽一样。但黑格尔不愧为伟大的哲学家，因为他有宏伟的勇气。

艺术五花八门，领域广阔，特征各异，各种理论都只能解释艺术的某一方面，但又存在不足。人类思维清晰而明了，但事实往往复杂而多变。建立理论需要抽象概括，但事物本身是形象而具体的。实践和理论，现实和抽象，艺术的丰富和原则的单调形成了永恒的矛盾。再套用一句名言："艺术理论是灰色的，艺术之树常青。"

古希腊艺术即模仿的看法，对再现艺术、叙事艺术或现实主义传统的艺术是一个永恒的法则，其价值是显而易见的。人类年轻时还不能理性地把握世界，提出这个理论是极高明的。但艺术仅仅在于模仿吗？当摄影技术发达以后，"模仿说"便失去了魅力。"游戏说"的价值在于它指出了艺术创作中的悠然自得的自由心态。艺术审美中的快感，对那些视艺术为娱乐、消遣或"为艺术而艺术"的人具有吸引力，常被他们引为经典，今天的艺术中仍然有一部分是为了娱乐服务的。但仅仅把艺术看成游戏，同样偏离正题太远。随之而起是艺术即情感的"表现说"。这种理论重视了艺术创作中的激情，这一部分心理对艺术创作无疑是极其重要的，但如果没有丰富的情感作为基础，那么任何艺术品都是僵死的东西。情感给艺术作品灌注了生气，但直觉并不一定产生艺术，情感表现也并不一定就是艺术。一个人大发脾气，摔桌子，砸椅子，情绪可谓激动，旁观者看了以后可能也会产生相同的体验，但这样的人绝不是艺术家。至于注重艺术的技巧，注重艺术形式的符号等，有的陷于机械论，有的导致神秘主义。没有一个艺术大师是仅靠研究技巧而获得成功的，尽管有些技巧起到重要的作用。对于形式怎样表现意味，英国形式主义美学家克莱夫·贝尔在他的《艺术》一书中也语焉不详。20世纪的现代主义艺术思潮用各种表现主义的艺术理论相互推波助澜，使20世纪的艺术出现了无中心的局面。理想的、直觉的、道德的、宗教的宣传都有一定的地位，艺术再也不能像历史上的某一阶段而独霸天下了。在这种情况下，所谓的艺术，在抽象的意义上也就趋于解体。艺术不复存在了，存在的只是艺术品。我们看到的只能是一首诗、一幅画或一件雕塑品。这样，对艺术的研究就转向对艺术品的研究了。

尽管如此，在日常生活中，我们仍然使用“艺术”这个词。比如一个从事绘画的可以说自己在“玩艺术”，一个小提琴手也可以对女朋友说自己是“搞艺术”的，喜爱书法者或某个演员也可以说自己“喜欢艺术”。艺术在里面指的是什么呢？它不是指艺术品，也不是指别的什么东西，而是指他从事的是一种创造性的活动，“玩艺术”就意味着去创造艺术。对创作的作品，我们常用“艺术性”这个尺度去衡量，这说明艺术是有高下、优劣、好坏之分的，并不是说凡是艺术就是好的、美的、高级的。

在传统上关于艺术的理论中，人们重视的实际上是艺术的环境问题，如丹纳的《艺术哲学》；或注重艺术创作的有关前提，如模仿说等；或注重创作时的心理特征，如直觉说、表现说、潜意识说；或注重作品形式是否达到了完美的程度，完美就意味着充分表现了思想内容，而这是需要高超的技巧的。

艺术的本质应该是什么呢？我们应把艺术的本质看成人的自由创造本性的表现。马克思说："生命活动的性质包含着一个物种的全部特性、它的类的特性，而自由自觉的活动恰恰就是人的类的特性。"[1] 对客观事物真的认识，使我们有了科学的自由；对人类社会运行的认识，使我们有了善的自由；对人类精神自由的认识，使我们产生了美和艺术。艺术是人的精神自由形象的符号体现（或形式化）。因此对艺术来讲，最重要的就是它的创造性。我们所说的"搞艺术"，就是进行艺术创造，没有这种创造力，是不能成为艺术家的。我们说的艺术品，指的是人创造的产品，而这个创造不同于制造，不是按一定的模式和技巧生产出来的。艺术不是模仿而是创新，一个伟大的艺术家不模仿别人，也不重复自己。一件伟大的艺术品，总是能开拓一个时代，创造一个艺术天地。

创造活动是人自由的表现，创造是人才具有的。创造既然不是机械的制造，它就必然存在于人的心理之中。尽

---

[1] ［德］马克思：《1844 年经济学—哲学手稿》，刘丕坤译，人民出版社 1979 年版，第 50 页。

管我们可以从创造的环境去考察创造的过程，但归根结底，创造还是存在于经过长期深化的人类的大脑之中。这样，我们把艺术还原为艺术创造过程，而最有创造性的行为就是人类的灵感思维。这样，我们就把对艺术的考察转到对艺术灵感的考察。

2. 艺术创作与灵感

把艺术创作与灵感联系在一起考察是再恰当不过了。这不仅在于编年史上艺术创作就与灵感有关，而且在于几乎所有有成就的艺术家都谈到创作中的灵感。大多数艺术家对自己创作的反思，总是根据自己感官所及为限。我们不能要求一个艺术家同时成为一个理论研究者，而一般的理论研究者又把灵感视作极神秘莫测的事，因此灵感总是笼罩着一层神秘的面纱。

实际上，关于艺术起源于宗教魔法（巫术）的理论就包括早期的灵感观。按这种理论，艺术被创作出来就是为了与神秘的力量、与超现实的神灵交通，以便人能沟通天地，交通鬼神和祖灵，艺术品成了沟通天地的符号，古代欧洲的洞穴里发现的动物图画就可如此解释。又有人认为，在欧洲等地发现的不同时代的巨腹豪乳的女神雕像（大约在 16000 年前）也与一种丰产巫术有关。时至今日，埃及的金字塔、希腊的神庙、玛雅文化中的石碑、印第安土著的岩画、非洲面具、中世纪的教堂，以及中国彩陶上的龙凤、鱼龟，青铜器上的饕餮、夔龙，仍然可以使人产生与那个时代超现实的沟通。艺术在最初不仅是为了观赏，在某种程度上也可以说，今天艺术观众的发展造就了这些艺术品。这一时代的信仰，表现在艺术创作中的理论概括就是柏拉图的灵感“神赐说”。当神灵被证明不过是虚幻的存在，人们推崇艺术中的自我表现时，人们强调的是作品对观众的感染性，尽管艺术理论莫衷一是，这一点则是共通的。那种最具有创造性的伟大作品，必然倾注了作者的生命力，因而也最能感染人。反之，那种只靠技巧的作品必然是软弱无力的、丑陋的，面对这种作品就如面对一条死鱼一样，令人不快，这样的作品是拙劣的，是与艺术背道而驰的。

对艺术的研究可以从社会学入手，也可以从分析作品入手。艺术的创作构成艺术活动的中心，从灵感思维的角度去观照艺术时，这一点显得尤其重要，因为这种活动的存在不仅使艺术成为可能，而且把艺术活动与人的其他活动区别开来。

古希腊是不存在“创造”这个词的，古希腊的艺术家主要去模仿自然存在的东西，这要靠技艺，他们认为自然本身是完美的，因而没有必要重新创造。中世纪继承了古希腊艺术的观点，但仍把艺术看作符合艺术规则的技艺，甚至到了富有创造精神的文艺复兴时代，艺术家也不用“创造”这个词。到了 18 世纪，创造性的观念才较为频繁地出现，但仍然和“想象”的概念联系在一起。科学家爱迪生认为，想象中的某些东西不类似于创造。19 世纪以后，创造的含义有了一些变化，指创造出过去所没有的东西。到了 20 世纪，创造的概念不断扩大，凡是有“新的”意思，不论科学产品还是艺术产品，都可能被视为创造。然而，美学家不用独创性来区分平庸的艺术品和优秀的艺术品，并去分析这种独创性的结构。[1]

德国著名美学家和心理学家玛克斯·德索认为：人们大体上提出了三种艺术创作理论，我们可把它们叫作灵感理论、强化理论和优良技巧判断理论。按照第一种理论，艺术家在一种隐秘的梦幻状态中进行创作，它最终就像处理普遍意识进程一样是费解与中断的。所以古代诗人乞灵于缪斯，而且相信像奥雅德说的那样：有一个神在我们心中主宰着。按照第二种理论，艺术家是一种具有高级本领的人，他有活跃的思想、较强的移情能力、更丰富的想象，他的创造活动是一种狂热的情绪。第三种理论则认为艺术能力就存在于技巧之中——灵巧的手、绝对的音准等，就存在于勤勉、耐心、审慎及对于自己突然出现的意念采取

[1] 参见朱狄《当代西方美学》，人民出版社 1984 年版，第 366—367 页。

批评态度的才能之中。[1]

实际上，这三种理论并不是完全对立、互不相容的。创造过程如此复杂，以至可以把它分为若干阶段，并可以从不同的角度来描绘它，我们完全没有理由用一个观点去否定其他观点。以上三种理论不过是加强了创造过程中的不同阶段或不同侧面而已。前面我们已经论述了灵感思维从客观上可以看作四个阶段完成的一个系统结构；从微观上看，灵感只是在瞬间获得了顿悟，使过去的经验、体验、情感一下子熔铸到一个形象中。只有微观上的分析，才是打开艺术灵感的钥匙，才能真正揭示艺术灵感的秘密。

艺术灵感的基础是经验，社会生活的经验使创作与现实之间建立起一座桥梁，艺术经验使创作在体验和表现灵感冲动时具有了艺术的特质。这两种经验在一个富有创造性的艺术家身上总是表现为一个统一体，因此这种经验就转化为一种体验。一个人生活在世界上，生的艰难、爱的渴望、死的恐惧都可以说是一种体验。面对异化的世界的荒谬，在死亡的虚无的强大阴影中，或为国家、民族、阶级、政党的利益而奋斗的坚强信念，都可以视为一种体验，而这种体验都可以化为艺术的灵感。

---

[1] 参见［德］玛克斯·德索《美学与艺术理论》，中国社会科学出版社 1987 年版，第 173 页。

灵感出现以前一般都有一个创造情绪阶段，它从体验中得来。俄国作曲家斯特拉文斯基认为："绝大多数音乐爱好者都相信，作曲家的创造想象的动力带有一般人称为灵感的某种情感波动。"他又说："我无意否认灵感在我们研究的创造过程中获得的重大作用，我仅仅主张，灵感绝不是创造活动的必要条件，而是在时间上居于第二位的一种现象。"并且他认为，"情感波动是灵感的基础"。[1] 在情感的推动下，灵感可能在任何时间和地点出现。歌德在谈到拜伦的诗的灵感时说："他获得自己的主题就像女人生出美丽的孩子一样。他们没有去想这件事，也不知道这是怎么干成的。"在真正的艺术品诞生之前，艺术家的心灵深处都要经过一场灵魂的搏斗，各种形象、幻觉和观念在艺术家的心灵深处冲击，这种冲击可能作为一种肉体的痛苦或精神的恍惚。源于原发过程的冲击袭击着理性主义的大门，越规思维、发散思维、直觉思维与情感、意志和逻辑进行着无秩序的排列组合，一切事物都好像经历模糊与变形。艺术家一次又一次陷入自我怀疑之中，他可能会从自我的骚扰中寻找慰藉。他的意识努力去捕捉潜意识本能的直觉，去寻觅内觉的升华。他从微观的迹象中见到了希望，那是

[1]　[美]M. 李普曼编：《当代美学》，邓鹏译，光明日报出版社 1986 年版，第 403 页。

色彩与形式的和谐搭配，是声音和旋律的水乳交融，是语言和形象的完美统一。隐约中美好的远景展现出来了，如梦幻那样丰富，像天空和大海那样广阔。暂时的和谐、悠闲的散步、迷人的梦幻消除了人情绪的紧张，潜意识的内觉就在灵魂中出现了。

艺术灵感是突然出现在艺术家心灵中的，这是它的一种表现方式。这种突发性有两个来源：一是主体的，二是客体的，但两者又是统一的。当主体具备了一定的经验特征，积累到一定的程度，犹如堆了一堆干草，在遇到火星时，便燃起熊熊大火。外在的刺激和内心的情感达到了异质同构，化解来的信息与主体相沟通，便产生了艺术的灵感。诗人胡征写道：

灵感是什么？
是沉睡的真理突然觉醒，
是智慧的火花突然飞溅；
是浓缩的经验瞬息跃动，
是冬眠的意念猛然展现；
是生活的天窗蓦然启开，

是对拓新境界的信号弹。[1]

当灵感突然降临时，就达到了一种精神亢奋状态，文思如打开的闸门，汹涌澎湃，一泻千里。“观古今于须臾，抚四海于一瞬”，新的形象、新的构思、新的意境、新的人物都集中到一点，并清晰地展现在面前，于是“思风发于胸臆，言泉流于唇齿”，信手拈来，皆成妙谛。

对艺术家来说，灵感的袭击不能只是一种体验，尽管作家认识到冲动的巨大的内容和意义，但要把这种冲动表现出来，则是一个漫长的道路。就像一个生命要在母腹中孕育十个月一样，对一部鸿篇巨制，灵感可能只是某种创作大纲的规定，具体的写作还需要进一步推敲、构思，在今后的发展中要不断加工改造。在艺术品涉及的范围较小时，类似长篇作品的那种漫长便可以不存在，比如一首抒情短诗便可一挥而就。它一出现就意味着是最终的成品，其表现的结果就是灵感符号化的过程，或者说是潜意识内觉的成果。

过去一些美学家认为，艺术家通过灵感进行创作，突然在心中发现了一个即将完成的作品。这个观点是错误的，

[1] 胡征：《诗的美学》，陕西人民出版社 1984 年版。

它否认了不同灵感之间的差别，以及灵感发生前捕捉到的东西；它不仅贬低了技巧的作用，而且还有取消一切心理解释的可能。然而，创造性想象如果没有理性的安排和指导，其本身是不会成就什么东西的。艺术家必须立即捕捉住每一个露头的、有意义的、有细微差别的东西，并把它安放在恰当的地方，诗人与作曲家的笔记本和画家的草稿本就证明了这一点。在艺术家的创作中活跃着一种无意识的东西，或者恰当地说是潜意识的东西。那些意念仿佛是独立的，并非不断加重意识负担地进行工作。艺术家必须不时地查看这些意念的发展程度，以便在它们成熟的那一刻抓住它们。[1]

这一点可能与艺术的本质有关，因为艺术本质上是一种类似语言的东西，就像不同的民族有自己的语言表达方式一样，不同的艺术家用不同的媒介和艺术技巧，就形成了他艺术表现的独特语言，而艺术灵感正与这种艺术语言相吻合。比如艺术的想象不同于一般人的想象，而音乐家、画家和文学家的想象、思索、感受和表达方式都是不一样的，如果说音乐家善于从声音和情感上把握世界，画家则善于从形体和色彩上把握世界，而文学家则善于从感性的

[1] 参见[德]玛克斯·德索《美学与艺术理论》，中国社会科学出版社 1987 年版，第 180 页。

形象上把握世界，因为他们都不可避免地结合了各自习惯的媒介材料去进行构思和创作。[1] 克莱夫·贝尔说："好的绘画必须是由灵感完成的，必须是伴随着对形式的情感把握而产生的内心兴奋的自然表现。"[2] 英国美学家鲍桑葵说："任何艺人都对自己的媒介感到特殊的愉快，而且赏识自己媒介的特殊能力。这种愉快和能力感当然并不仅仅是在他的实际进行操作时才有的。他的受魅惑的想象就生活在他的媒介的能力里，他靠媒介来思考、来感受；媒介是他审美想象的特殊身体，而他的审美想象则是媒介的唯一特殊灵魂。"[3] 但鲍桑葵对艺术的这一看法只源于一般的艺术，如绘画、雕塑等一次性完成的艺术，对诸如作曲家和剧作家来讲就不适用了，因为后者需要艺术家（演奏者和演员）进行二次创作。演奏者面对的是一个个音符，他只有在充分理解原作的基础上，加上自己的创造才可以说他的演奏是充满灵感的，而这种真正的演奏与那种机械的、死板的、拙劣的演奏是应该区别开来的。

---

[1] 参见朱狄《当代西方美学》，人民出版社 1984 年版，第 369 页。

[2] ［英］克莱夫·贝尔：《艺术》，中国文联出版公司 1984 年版，第 223 页。

[3] ［英］鲍山（桑）葵：《美学三讲》，周煦良译，上海译文出版社 1983 年版，第 31 页。

后　记

一提到“灵感”，总使人感到一种神秘性，正是这一神秘性深深吸引了我。我在大三时对“灵感”问题产生了兴趣，以后十几年都研究不辍。我先是想以马克思主义的认识论来解释它，后来发现没有那么简单，它与世界上万物固有的联系有关，与原始人“万物有灵”的信仰有关，也与人的潜意识的内觉有关。当然，灵感是创造性思维中产生的顿悟现象。对这种现象的阐释，就产生了“灵感思维”的学说。

关于“灵感思维”，我写了三本书，也可以说企图从三个领域展开探讨。一是灵感思维是如何起源的，可以用来解释人类远古神秘怪诞的文化，我写了《灵感思维与原始文化》一书（学林出版社 1995 年版，首都师范大学出版社 2016 年版）。二是用灵感思维来探讨中国文化的原型结构特征，我写了《灵感与悟性：灵感思维与中国传统文化精神》（文化艺术出版社 2018 年版）一书，把中国古代人的“悟性”“顿悟”看作中国文化与中国艺术精神的主要特点。三就是本书，从基本理论上来探讨灵感作为一种思维形式何以成立。三部书构成了一个系列，这一系列构成了我对“灵感思维”探讨的一个整体。

对灵感思维的探讨，表面上看是属于思维学科的，实际上是带有哲学性质的。

人作为一种生物来源于自然，人要生存就必须要认识自然，人在与自然的接触中，往往以自己的精神能力来领悟自然秩序，当人有了种种感悟时便有了认识世界的知识与创造万物的能力。人造的万物都有人类的灵性创造之道，人活着就是一种灵性的生存者。两种灵性的力量相碰撞、结合、整合时便是得到了灵感。人们创造了神灵、灵魂、灵性、心灵等种种概念来表述人作为灵性生物的认识能力。

对这种认识的阐释，就是灵感思维研究要达到的目标。

古希腊人信仰神，他们认为灵感是神灵凭附的结果；启蒙时代相信理性；康德认为灵感是天才者独特的禀赋，它自然给艺术制定法则；20 世纪前后人们发现了潜意识，非理性主义者又把灵感归为“无意识”的创造性本能。从天启论到天才论又到现代的天性论，几千年来虽然出现了种种不同的理论解说，但人总是充满了灵性的创造，人靠自己的灵性总在领悟着大自然神秘的灵性力量，创造出辉煌的业绩。

我们越研究中国古代文化，就越觉得它是充满灵感的。从原始的敬神仪式到艺术家独特的灵性迸发，在诗、词、曲、赋的艺术天空中，在彩墨飞舞的艺术家的笔下，感兴随时而出，喷发瞬间生成，从而领悟自然的奥秘，通晓人生的真谛。

灵感思维，是一个仍待进一步探讨的领域。

在此书出版之际，要感谢对我的研究给予大力支持的蔡仪教授、蒋孔阳教授、朱立元教授、王振复教授及我的博士研究生导师赵宪章教授。正是他们的言传身教，使我敬畏学术，不敢怠慢，求真务实。感谢我工作的江苏师范大学的各级领导，对我的研究给予了大力支持。感谢文化艺术出版社的领导，特别是董良敏编辑的辛勤工作。感谢我的妻子宫慧玲长期以来对我的支持。感谢我的学生李新、薛栋、高梦晴等帮助校对书稿。

朱存明

2017 年 9 月 12 日